Bagrly & Co.

Замечательная и занимательная книга! Галина Эйснер-Негрук раскрывает перед нами загадочный и таинственный подводный и наземный мир Флориды, знакомит нас с жизнью индейцев. Она обладает прекрасным чувством юмора, особенно когда сравнивает поведение морских и наземных животных с человеческим. Книга содержит массу интересных подробностей, у автора острый глаз и прекрасный русский язык.

Людмила Штерн

Очерки Галины Эйснер-Негрук отличаются прежде всего изяществом. Солидный массив информации заключён в короткий текст, который благодаря лёгкому перу автора читается как путевая заметка. В общем-то, это и есть путевые заметки, только путешествовать нам предлагается в мир знаний. Тексты настолько воздушны, что вы нигде не запнётесь о тяжеловесную фразу или нелогичный переход. Эти очерки с интересом будут читать все, и каждый откроет что-то новое для себя, поскольку автор собрал множество сведений о биологических объектах и явлениях и щедро делится своими находками с нами.

Владимир Деулин,
биологический факультет МГУ,
заместитель директора учебно-научного центра
по реабилитации диких животных

Галина Эйснер-Негрук, книгу которой вы держите в руках, одна из тех счастливых наших современниц и современников, кто ежемесячно вот уже много лет открывает для нас новые миры. Говорю об этом со всей ответственностью, поскольку все 200 очерков, опубликованных в журнале «Флорида» и в газете «Парус» в рубрике «С натуралистом по Флориде», готовил к печати я. Не поленился и отыскал самую первую публикацию Гали в июльском номере журнала за 2003 год. Очерк был о черепашке и назывался «Обманчивая внешность, или Свирепая мягкотелка». Все, что написал я тогда, открывая рубрику, могу повторить и сегодня:

«Ведущая нашей новой рубрики Галина Эйснер-Негрук — учёный, кандидат биологических наук, автор многих книг и статей. Она любит всех этих тварей, плавающих, ползающих, бегающих и летающих по Флориде, и с удовольствием готова рассказать о них нам с вами».

Открывайте миры Флориды вместе с Галиной Эйснер-Негрук — одной из самых счастливых людей, каких я знаю.

Александр Росин,
главный редактор журнала «Флорида-RUS»
и видеоблога «Журнал Флорида, Александр Росин»

Галина Эйснер-Негрук

С НАТУРАЛИСТОМ
по Флориде

КНИГА ТРЕТЬЯ

Bagriy & Company
Chicago • Чикаго
2020

Galina Eisner Negrouk
FLORIDA THROUGH THE EYES OF A BIOLOGIST:
Volume 3
(Russian Edition)

Галина Эйснер-Негрук
С НАТУРАЛИСТОМ ПО ФЛОРИДЕ
Книга третья

ISBN: 978-1-7344460-9-8
Library of Congress Control Number: 2020939773

Редактор:
Мария Хрусталёва

Компьютерная вёрстка, макет:
Юлия Тимошенко

Обложка:
Лариса Студинская

Фотографии (за исключением указанных в примечаниях):
Галины Эйснер-Негрук и Екатерины Негрук

Иллюстрации в тексте — *Wikimedia.org*

Bagriy & Company
Chicago, Illinois, USA
www.bagriycompany.com

Printed in the United States of America

СОДЕРЖАНИЕ

*Моему мужу — моему «Музу» — Валентину Негруку
и моим дочерям Насте и Кате*

Мы с тобой одной крови, ты и я.
We be of one blood, ye and I.

Редьярд Киплинг. Маугли

ПРЕДИСЛОВИЕ

Слово Флорида в переводе с испанского означает «цветущая». Богатство природы Флориды заставляет вспомнить изречение Козьмы Пруткова: «Глядя на мир, нельзя не удивляться». Здесь в любое время года распускаются самые разнообразные цветы. Здесь растут пальмы, сосны, манго, фикусы, кипарисы, кактусы, орхидеи и меч-трава. На деревьях удобно разместились растения, питающиеся одним воздухом. Здесь водятся пумы, игуаны, больше смахивающие на настоящих драконов, аисты, гремучие змеи, колибри и броненосцы. В водоёмах обитают крокодилы, аллигаторы, черепахи, осетры и множество других рыб. Вдоль побережья Флориды тянется коралловый риф, третий в мире по размеру, с его несметным количеством разноцветных жителей. Везде невидимые нам присутствуют грибы и микроорганизмы. У каждого жителя Флориды свои повадки и привычки, зачастую весьма напоминающие наши собственные. Когда-то медведь Балу научил Маугли заветным словам: «Мы с тобой одной крови, ты и я». Может быть, поэтому нас так влечёт к себе живая Природа?

Любопытный аист. Американский клювач

Анолис-рыцарь

Большая белая цапля

Мы переехали во Флориду летом 2002 года, а весной следующего года в наш бассейн свалилась огромная мягкотелая черепаха. Она бродила по берегу озера в поисках места для откладывания яиц. Из бассейна мы её вытащили, и она деловито зашлёпала к озеру. Черепаха регулярно появлялась каждую весну, и по месту, где она откладывала яйца, мы судили о предстоящем ураганном сезоне. Ближе к кромке воды — ураганы обойдут стороной, высоко на берегу — жди стихию. Эту историю я рассказала

Александру Росину, редактору журнала «Флорида». «Напиши об этом, — сказал он, — читателям журнала будет интересно, а я начну новую рубрику «С натуралистом по Флориде»». Я возразила, что писать не умею и вообще в школе по литературе у меня всегда была четвёрка. «А ты попробуй», — сказал Росин. И я попробовала. Так благодаря Александру Росину и появились эти рассказы.

ГОЛОВА В ОКЕАНЕ

Медленно плывёт гигантская, серебристо-серого цвета голова с большими выразительными глазами и маленьким приоткрытым ротиком. Начало есть, а где конец? То, что выглядит как одна голова, и есть вся рыба-луна, самая большая из костистых рыб. её размеры могут превышать 3 метра, а вес — 2 тонны. Учёные явно растерялись, когда давали ей латинское название *Mola mola*, что переводится как «жёрнов жёрновом». Далее воображение не пошло. *Mola* действительно отдалённо напоминает мельничный жёрнов. Вид у «головы» несколько задумчивый. А о чем, собственно говоря, ей думать? Рыба-луна по пути вхлюпывает медуз, планктон, кальмаров, водоросли и сплёвывает воду. Каждый день она съедает 1–3 % своего веса. Зубы у рыбы-луны срослись вместе. Другие зубы, похожие на тёрки, расположены в глотке. Они иногда издают звуки, в буквальном смысле зубовный скрежет. Врагов у такого гиганта немного. Хвоста у рыбы-луны нет, просто складка кожи сзади, нечто вроде оборки. Остались только длинные спинной и анальный плавники сверху и снизу. Рыба плавно поворачивает их то в одну, то в другую сторону и продвигается вперёд. Это единственная рыба с подобным странным стилем. Рыба-луна плывёт не спеша, со скоростью около 2 миль/час (3,2 км/час). Тише едешь — дальше будешь. Радиопередатчики, прикреплённые к рыбам, показали, что неторопливые рыбы перемещаются по океану на тысячи миль.

Рыба-луна

Сколько мозгов надо для успешной жизни, вопрос непростой и отчасти философский. Мозг у огромной рыбины совсем маленький, нервных клеток гораздо меньше, чем у других рыб, даже спинной мозг совсем коротенький, а от позвоночника всего 16 позвонков осталось. Ребра исчезли, боковые мускулы тоже. Лишний вес надо убирать, и кости превратились в хрящи. В результате удельный вес рыбы-луны сравнялся с плотностью воды, и она способна нырять на глубину до 600 метров. Хотя рыба-луна живёт в тёплых морях, на глубине холодно, и рыбы часто лежат на боку на поверхности воды, греются на солнце, поэтому по-английски их называют *sun-fish*. Вот кто толстокожий, так это рыба-луна. Слой кожи достигает 8 сантиметров. Она покрыта костными бугорками с неровными краями и напоминает наждак. Сверху мощный покров слизи, что тем не менее от паразитов не спасает. Пожалуй, ни у одного другого обитателя моря нет такого числа самых разнообразных кожных и подкожных паразитов. Рыба-луна исправно посещает морские станции очистки, где рыбы губаны и креветки-чистильщики объедают что могут. Когда рыба-луна греется на солнце, на неё садятся морские птицы и тоже склёвывают многочисленных рачков и червей. Иногда рыба-луна выскакивает из воды вверх метра на три и с размаху плюхается на бок. Возможно, так она избавляется хотя бы от части паразитов на коже. Известны случаи, когда рыба-луна падала в лодку, и это единственное, чем рыба-луна может быть опасна для человека. К аквалангистам она легко привыкает. «Почему у тебя такие большие глаза? Чтобы лучше видеть». Так и у рыбы-луны: еду требуется видеть чётко. Наверху, над глазами, слепая зона, и рыбе-луне приходится наклоняться из стороны в сторону.

Рыба-луна считается самой плодовитой рыбой. У одной самки среднего размера насчитали 300 миллионов икринок. О потомстве рыба-луна не заботится: 300 миллионов, всех не съедят. Мальки вылупляются крошечные, около 2 мм. Они похожи на маленькую звёздочку с глазами, колючками и хвостиком. Хвост потом исчезает, колючки тоже. Сперва мальки собираются в стаи, где выжить помогает роевой инстинкт. Роевой инстинкт — это такой удивительный самоорганизующийся коллективный разум, когда необходимая для выживания информация хранится в каждом мальке. На основе теории роевого инстинкта учёные создали простейших подводных роботов. Общаясь вспышками света, они образуют замысловатые фигуры и совершают мудрёные движения, вместе достигая гораздо большего, чем сложные роботы.

Взрослая рыба-луна в 60 миллионов раз больше малька, а растёт молодь быстро. В океанариуме Монтерей Бэй в Калифорнии рыба-луна за 15 месяцев выросла с 26 до 400 килограммов и достигла 1,8 метра. Дальше измерять не стали, а поспешно рыбу выпустили, для чего пришлось вызывать вертолёт и получать разрешение от Федерального управления гражданской авиации США. Для последующих рыб установили жёсткую диету, сократив количество корма в 4 раза, чтобы не увеличивались так быстро. Однако рыбы всё равно ведь растут. Когда очередная рыба-луна приближается к двум метрам, её выпускают и ловят новую, маленькую. Кормить рыбу-луну в океанариуме приходится из рук, к чему она быстро привыкает, иначе остальные обитатели аквариума опередят. Живёт рыба-луна 15—20 лет.

Лишь недавно рыбу-луну начали изучать. Человек как-то обошёл своим вниманием такое необычное существо. Легенд и мифов о рыбе-луне не сложено. Правда, в 17 и 18 веках в японском городе Камогава рыбу-луну разрешали использовать для уплаты налогов. Считалось, что рыба-луна приносит удачу, и иногда её считали своеобразным талисманом города.

КОСМИЧЕСКАЯ ТИХОХОДКА

Маленькие тихоходки обитают повсюду: в воде и на суше, на мхах, лишайниках, дюнах, морском дне. Они крошечные, 0,5–1 миллиметра, вот их никто и не замечает. Под обычным световым микроскопом тихоходки выглядят как упитанные полупрозрачные червячки-копуши с толстенькими, несгибающимися, как у плюшевого медвежонка, лапками с коготками. За это сходство их называют «водяные медвежата». Тем не менее трудно сравнивать тихоходок с другими животными, уж очень они необычные, достаточно посмотреть на них под электронным микроскопом, дающим объёмное изображение. Тихоходки проживают на Земле более полумиллиарда лет, и анализ ДНК показал, что ближайшие родственники тихоходок — бархатные черви. У тихоходки хоботок похож на свиной пятачок, откуда и другое название — моховые поросята. Тихоходки обладают глазка́ми и чувствительными волосками. В глотке расположены острые стилеты. Они протыкают клетки водорослей и бактерий, которыми тихоходки питаются. После каждой линьки стилеты отрастают заново. Тихоходки дышат всем телом. Если кислорода мало, они вытягиваются и расслабляют мышцы. При этом внутрь попадает больше воды с растворённым в ней кислородом.

Как положено, тихоходки делятся на мальчиков и девочек. Обычно оплодотворённые яйца остаются в сброшенной после линьки шкурке. Зародыши развиваются, и из яиц выходят маленькие тихоходки. Конечно, они потом растут, но сколько клеток у них насчитывалось при рождении, столько остаётся на всю жизнь, например 40 000, и ни одной больше. Живут тихоходки около года.

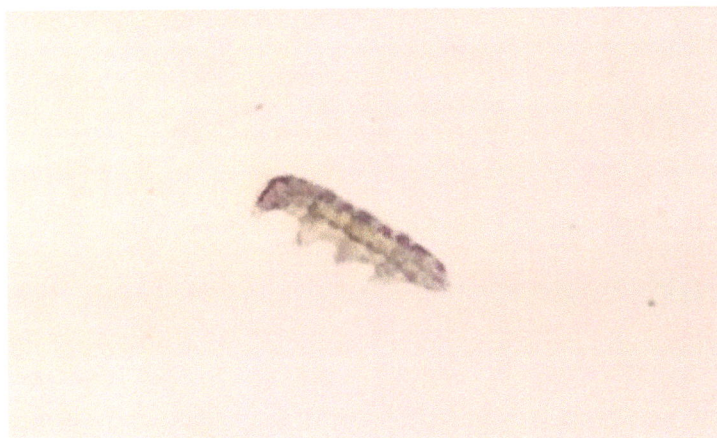

Тихоходка под микроскопом

Тихоходок часто находят в весьма суровых и неожиданных местах: у горячих источников, на вершинах Гималаев, подо льдом Антарктиды. Как это возможно? Тихоходки обладают уникальными особенностями, чтобы противостоять жизненным невзгодам. Если что не так, тихоходки высыхают, превращаясь в нечто, похожее на шар или бочонок. По-английски такое состояние называется *tun*, что означает «ёмкость для браги». Что-то в этом есть, так как вода внутри клеток замещается сахаром трегалозой. Снаружи животные покрываются воском, ножки поджимаются, и тихоходки остекленевают. Трегалоза обволакивает все части клетки стеклообразным гелем, воды остаётся 3 %. Кроме того, тихоходки содержат каротиноиды, предохраняющие от окисления. Вредные воздействия не так страшны тихоходкам. Всё зло в воде, без которой жизнь невозможна, но зато и процессы, убивающие клетку, в отсутствие воды тоже останавливаются. Чего только учёные с тихоходками не проделывали! Например, охлаждали почти до абсолютного нуля (−272° по Цельсию). А без воды это не столь страшно, кристаллы льда, которые всё разрывают, не образуются. Нагревание до +150° выдержали, прокипятили в спирте — и снова живые. Через 10 лет пребывания в высушенном состоянии тихоходки набрали воду и начали плодиться. В музее раздобыли кусок сухого мха 120-летней давности, в нем оказались тихоходки. Однако при возвращении в воду они смогли только вяло шевельнуть лапками. Тихоходки выдерживают давление в 6000 атмосфер, а радиацию в 1000 раз большую, чем человек. Радиация вызывает повреждения ДНК — наследственного аппарата. Как же тут тихоходки справляются? Оказывается, у тихоходок вырабатывается белок, который укрывает ДНК, защищая ее, да и вообще в сухом состоянии повреждений гораздо меньше. А сами тихоходки не из другого материала сделаны, просто хорошо умеют его восстанавливать. «Старого не чинить — нового не носить» — гласит народная мудрость. Действительно, беда приходит, когда повреждения в ДНК не исправляются. Например, ген BRCA, который заставил Анджелину Джоли сделать упредительную мастэктомию, ответственен за ремонт ДНК, мутации в которой под влиянием разных причин происходят каждый день.

Тихоходок начали запускать в космос. Они оказались на российской межпланетной станции «Фобос-Грунт» с поручением слетать на Марс и обратно представителями землян. Наверное, посчитали, что марсианам они должны показаться типичными и симпатичными. К сожале-

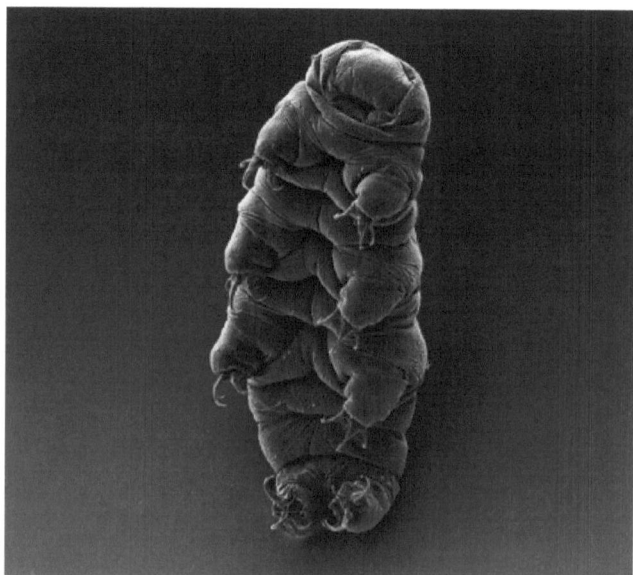

Тихоходка[1]

нию, станция сгорела в плотных слоях атмосферы, а её остатки упали в Тихий океан, и, куда делись тихоходки, никто не знает. Тихоходки всё же в космос вышли. Они летали на Международной космической станции и на спутнике серии «Фотон-М». Их выставляли в открытый космос, где они провели 10 дней подряд: холод, вакуум, радиация, жёсткое ультрафиолетовое облучение. Выжили, правда, не все, 68 % высушенных, остекленевших и всего три из активных тихоходок. Тем не менее, успешно приземлившись, они размножились как ни в чём не бывало. Экстремалы тихоходки произвели такое впечатление, что люди, верные себе, образовали Международное общество охоты за тихоходками.

АРАМА — ГОЛОС ЗА КАДРОМ

По берегу канала шла птица чуть побольше ибиса. Коричневое оперение с бронзовым отливом покрывали белые, как жемчужинки, точки и штрихи. При каждом шаге птица по-куриному вытягивала вперёд голову. Это арама — птица сама по себе, зоологи записали её в отдельное семейство, отдалённо родственное журавлям. За такую несколько неловкую манеру движения по-английски её прозвали *limpkin*. При переводе на русский язык слово *limp* внезапно превратилось в «пьяную» походку: каждый язык несёт свои национальные особенности. Араму не часто увидишь, её численность во Флориде резко сократилась, и арамы находятся под охраной закона.

Арамы умеют плавать, а длинные пальцы позволяют им бегать по листьям водных растений. Основная их еда — улитки ампуллярии, хотя арамы едят и других моллюсков, червей, ракообразных, насекомых. Клюв арамы, как у ибиса, чуть изогнутый и невероятно чувствительный, что позволяет ловить на ощупь в мутной воде. В пособии «Этикет для жён бизнесменов» опи-

Арама

Арамы

сываются приборы, которые вышеозначенные жёны должны использовать для культурного поедания моллюсков: щипцы и разные специальные вилки — устричная вилка, тонкая вилка для эскарго. О самих бизнесменах пособие молчит, но у арамы всё приспособлено гораздо лучше и изящнее. Клюв, как пинцет, у конца слегка приоткрыт, а самый кончик сжат и немного повёрнут вправо. Ведь улитки в массе своей правозакрученные. Верхняя часть клюва заострена, чтобы отрезать моллюска от раковины. Птица ловко за 10–20 секунд вынимает улитку, а сама раковина остаётся целой, и на берегу вырастает горка пустых раковин. Для сбора улиток хорошие места надо знать. Самцы арамы определяют свои участки и яростно их защищают. На границах возможны конфликты с соседями. Тут уже действия ведутся по всем правилам, наступление и отход на заранее подготовленные позиции. Иногда самцы дерутся ногами. Одинокая дама посещает несколько территорий, пока не выберет подходящую. Их владельцы в свою очередь к гостьям присматриваются. Молоденьких они часто отвергают, так как ценят жизненный опыт. Начинается ухаживание, которое может длиться неделями. Надо хорошенько разобраться, с кем выводить детей в этом сезоне. Кавалер демонстрирует ей, какой он заботливый, а также какого мастерства достиг в разделке улиток. Он ловит улитку и, как птенца, кормит самку. Самец выбирает место для гнезда и строит его из веточек, травы и тростника. Гнездо может располагаться как на земле, так и на ветках кустарников или деревьев. Спрятано и замаскировано оно очень хорошо.

Арамы откладывают 5–7 яиц и по очереди их насиживают. В свободное от насиживания время самка бродит по берегу и заходит к соседям. По-научному это называется «полиандрия», а в быту — «пошла по рукам». Если кусок берега, на котором расположено гнездо, очень уж хороший, то самка никуда не ходит и даже помогает его отстаивать, участвует в территориальных спорах, но отгоняет только самок и молодых птиц. Обладатели бедных охотничьих угодий часто мигрируют в поисках лучшего надела. Некоторые арамы перелётные, летают на Кубу и обратно. В один сезон пара может вывести птенцов дважды, а бывает, и сосед самке приглянется для повторного выводка. Птенцы покрыты пухом и с первого дня могут бегать и плавать. Родители, чтобы не запутаться, кого кормили, кого нет, сперва пичкают едой одного птенца, потом другого, по очереди.

Араму мало кто видел, но слышали ее, по крайней мере в кино, многие. Крик у арамы громкий и резкий. Иногда даже её называют ненормальной вдовой. Этот вопль впечатлил киношников. В фильмах «Тарзан» и «Суперсемейка» (*The Incredibles*) арама активно участвует в общем хоре джунглей. Человеческое воображение легко соединяет разных животных в одно целое, выдумывает разных чудовищ и химер, но как дело доходит до звука, фантазия иссякает. При лаборатории по изучению птиц в Корнельском университете создали «Библиотеку звуков природы», теперь она называется «Медиатека Маколей». В ней собраны десятки тысяч записей, просто раздолье для кинематографистов. Туда и обратились создатели фильма «Узник Азкабана», чтобы не оставлять гиппогрифа немым. Лучше, чем создала Природа, всё равно не найти. В сцене полёта Гарри Поттера на гиппогрифе за кадром звучит приглушённый голос арамы, который удивительно подходит сказочному персонажу.

ХВОСТОНОСЦЫ

«Издалека узнаешь махаона / по солнечной тропической красе», писал В. Набоков. Действительно, махаоны — эффектные бабочки. На задних крыльях у них выросты, как говорил В. Набоков, «тончайшие хвосты». Махаонов иначе называют парусники, кавалеры или хвостоносцы. Хвостоносец — это звучит гордо. Кавалер тоже красиво, но что делать, если кавалер — самка? Этой бабочке дали имя греческого героя, внука Аполлона. Махаон — сын бога врачевания Асклепия, сам знаменитый лекарь. Среди махаонов встречаются просто гиганты. Например, размах крыльев птицекрылки королевы Александры достигает 27 сантиметров. Несмотря на внушительные размеры, век махаонов короток: бабочка живёт всего около месяца. Махаоны красиво окрашены. Сами-то крылья прозрачные, но они покрыты чешуйками, которых насчитывается до 600 на квадратный миллиметр, поэтому бабочки и называются чешуекрылыми. В распоряжении бабочек, как это ни удивительно, всего три цвета: жёлтый,

Парусник Палинур, Papilio palinurus

чёрный и красный, больше пигментов нет. А откуда же другие сияющие цвета: синий, зелёный, фиолетовый и ультрафиолетовый? Мы, правда, последний не видим, но бабочки его хорошо замечают и, наверное, кажутся друг другу ещё красивее. Бесцветные структуры в чешуйке отражают и преломляют свет так, что он видится синим или зелёным вроде переливов мыльного пузыря. Эти цвета потому называются — структурные. Структурные и пигментные цвета смешиваются, как на палитре, образуя всё богатство оттенков, которых махаоны различают гораздо больше, чем многие насекомые.

Некоторые махаоны ядовиты и для птиц несъедобны. Другие виды махаонов подражают их окраске, и птицы таких тоже на всякий случай не клюют. Ядовитых имитируют в основном осторожные самки, самцы склонны к риску. У одного вида махаонов, как у людей: по цвету волос мужчин нельзя предсказать окраску причёсок женщин. Часть самок выглядит как ядовитые бабочки, совершенно махаонам неродственные, иные подобны молодым самцам, а третьи и совсем странно: как старики. Кто знает, возможно, это защищает их от чрезмерной агрессии противоположного пола. Ухажёров не сильно волнуют формы дам: пускай хоть квадратная, или треугольная, или круглая, или как бабочка. Кавалеры реагируют на цвет и манящий запах. Крыльями махаоны машут медленно — около 5 ударов в секунду. Кстати, ядовитые бабочки и летают не спеша, бояться некого. А временами они парят в воздухе: стороны крыльев, обращённые к земле, слегка вогнуты, получается, как парашют. Питаются бабочки только жидкой пищей — сосут нектар через хоботок. От махаонов выгода растениям невелика: нектар потребляют, а пыльцу не разносят. Наверное, многое за красоту прощается. Нектар не очень богат по составу — почти один сахар. Только сладостями не прожить. Бабочки пытаются найти источники солей и других веществ. Они пьют воду из мелких лужиц, тянут соки из гнилых фруктов, навоза, мочи, падали. В общем, слегка перефразируя: когда б вы знали, каким сором... Эти питательные вещества пойдут на продолжение рода. Организм самцов упаковывает их в сперматофор для передачи самке на общих детей. Своё потомство важнее всего, для чужих зачем стараться, и зачастую он специальным клеем заклеивает свою возлюбленную, чтобы больше никому она не досталась. Пояс верности Природа изобрела за сотни миллионов лет до ревнивцев. Органы вкуса у бабочек расположены не только во рту, что нам понятно, но и на конечностях. У махаонов на лапках имеется шпора для прокалывания листьев, хотя сами бабочки соки растений не потребляют. Будущая мать таким образом пробует место, куда собирается отложить яйца. Если бабочка заражена болезнетворными микроорганизмами, она выбирает растения, которые исцелят её будущих детей.

Из яиц выходят гусеницы и первым делом съедают оболочку яйца, не пропадать же добру, а кроме того, в ней, видимо, содержатся активаторы роста. Зачастую гусеницы коричневые с белым и выглядят точь-в-точь как птичий помёт. Ну кто позарится? Потом они линяют и становятся зелёными с глазками и походят на змею. Для усиления сходства у гусениц махаонов из тела при опасности вылезает вонючая красно-оранжевая железа, напоминающая раздвоенное жало змеи. Гусеницы растут, окукливаются. Преображение гусеницы в бабочку всегда волновало не только биологов, но и людей, склонных к философским обобщениям. Поэты умудряются не замечать, что процесс этот весьма мучительный и опасный. А. Фет писал: «Не спрашивай: откуда появилась? / Куда спешу?» А почему бы не спросить? Новорождённой бабочке сперва надо из двух комплектующих собрать свой длинный хоботок, а то есть нечем будет. Коли хоботок засорится, его можно частично разобрать и прочистить. Необходимо, как всем молодым, расправить крылья, это значит накачать кровь в жилки крыльев, а потом их просушить, ответственный момент, при этом бабочка очень уязвима. Если не получилось, бабочка никогда не взлетит. Наконец, следует хорошенько лапками протереть глаза и другие органы чувств. Тело требуется прогреть. Вот теперь пора лететь на поиски любви, ну и еды.

Махаоны выходят из куколок

Бабочки обладают мозгом, и они запоминают расположение вкусных цветков. Махаоны большие и тяжёлые, поэтому, садясь на нежный цветок, они продолжают махать крыльями, чтобы уменьшить свой вес.

Интересно, что у В. Набокова, который наловил сотни бабочек и восхищался их красотой, в стихах неоднократно возникает сравнение с демонами: «Удар сачка — и в сетке шелест громкий. / О, жёлтый демон, как трепещешь ты!» Ничего демонического в бабочках нет. Они очень украшают Землю. Махаоны заслуженно избраны штатными бабочками в Орегоне, Джорджии, Делавэре, Южной Каролине и Оклахоме.

ЗВЁЗДЫ В ОКЕАНЕ

Человек с незапамятных времён мнил себя пятиконечным: голова, руки и ноги. Звёзды на небе по неясным причинам зачастую рисуют пятиконечными. Тем временем настоящие красивые пятиконечные звёзды обитают на дне океанов и морей. Морских звёзд легко причислить к сюрреалистическим созданиям, но реальность ещё богаче. Фантазия любого художника в итоге оказывается ограниченной. Морские звёзды окрашены в самые разные цвета: красный, оранжевый, жёлтый, серый, зелёный, фиолетовый. Встречаются крохи, около полусантиметра, а некоторые виды достигают полутора метров и весят до 6 килограммов. Кожа морских звёзд шершавая или даже колючая, покрыта кальцинированными скелетными пластинками. Между ними расположены сотни маленьких щипчиков, которые чистят кожу. Говорят, кровь не водица, а у морских звёзд как раз водица. Внутренности морской звезды омывает морская вода. Она же разносит кислород. Эта вода — часть гидравлической системы, благодаря которой морская звезда перемещается. На нижней поверхности морской звезды множество прозрачных трубчатых ножек. Вода накачивается в ножку,

Морские звезды

и она распрямляется. «Блуждает морская звезда», писал С. Маршак. Куда блуждает? Решили пометить морских звёзд микрочипами, и оказалось, что любой предмет, попавший в их тело, проходит внутри и выталкивается на конце лучей. Морские звёзды могут ползать со скоростью от 10 до 180 метров в час. Мозга у морской звезды нет, только кольцо нервов вокруг рта. Так куда же направиться? Похоже, что решения принимаются по принципу роевого инстинкта: контроль распределён, и, если один луч чувствует что-то уж очень привлекательное, он тянет всё за собой.

Морские звёзды ощущают состав воды, свет, прикосновение, температуру. Для охлаждения своего тела, нагретого на солнце, морская звезда накачивает в лучи больше воды. Глаза у морской звезды расположены на нижней стороне концов лучей. Чтобы что-то разглядеть, морская звезда приподнимает луч. Звёзды не всегда пятиконечные. У некоторых видов насчитывают до 50 лучей. Из оторванного луча может вырасти целая морская звезда. Многие морские звёзды в случае опасности отбрасывают лучи, размягчая ткани у их основания. Лучи, как руки, отходят от центрального диска, на нижней стороне которого находится маленький ротик. Добыча попадается объёмистая. Как съесть то, что не влезает в рот? Морские звёзды успешно решили эту задачу. Нижняя часть желудка попросту выворачивается наружу. Вещество, регулирующее этот захватывающий процесс, имеется и у людей. У нас оно вызывает некую тревогу одновременно с внутренней мотивацией — похоже на предобеденные ощущения. Желудок морской звезды выпускает пищеварительные соки. Еда переваривается снаружи и всасывается. А если закуска в плотно закрытой раковине? Тогда в дело идут трубчатые ножки. Они приклеиваются к створкам раковины и всего на долю миллиметра её приоткрывают. Этого достаточно, чтобы туда протиснулась часть желудка и переварила моллюска внутри. Иногда морские звёзды собираются в стаи. Между ними происходит общение как посредством запахов, так и соприкосновением. Они толкаются, «обнимаются», кладут лучи друг на друга. Наверняка у них существует язык жестов: «Я на тебя положил», хотя что это может означать у морских звёзд, пока неясно.

Морские звёзды рождаются или мальчиками, или девочками, или и теми и другими

Морская звезда (Astropecten). Видны трубчатые ножки

одновременно, иными словами, гермафродитами. Размножение у разных видов происходит по-разному. Одни собираются вместе и синхронно выпускают яйцеклетки и сперматозоиды в воду, где происходит оплодотворение. Самка способна произвести до 2,5 миллиона икринок. Часто сперматозоиды плывут на запах особы женского пола. Другие морские звёзды насиживают отложенную икру. Коли оплодотворённой икры избыток, лишнюю выпускают в океан в свободное плавание на авось: когда детей слишком много, о них обычно не заботятся. Вылупившиеся личинки вовсе не похожи на звёзд, у них двусторонняя симметрия. Если еда в изобилии, личинки размножаются почкованием — секс оставляют для взрослых. Впоследствии личинка отращивает три луча и прикрепляется ко дну, где превращается в морскую звезду с радиальной симметрией, затем отцепляется и уползает. У третьих зародыши развиваются в полости тела самки и рождаются сразу звёздочками. Наблюдаются и совсем невероятные события. Морская звезда, появившись на свет мальчиком, со временем превращается в пожилую даму. В какой-то момент она разрывается пополам. Каждая половинка становится молодым самцом и отращивает недостающие лучи. Такой тип омоложения, что ни в сказке сказать... но пером описать всё-таки возможно. Вот ведь Иван-дурак, правда, с помощью Конька-Горбунка: «И в котёл тотчас нырнул, / Тут в другой, там в третий тоже, / И такой он стал пригожий», тем не менее пол, на всякий случай, менять не стал. Как эту сказку переписали бы теперь, лучше не загадывать. Живут морские звёзды в зависимости от вида от 3 до 35 лет.

В Древней Месопотамии пятиконечные звёзды символизировали царскую власть: царь — голова и четыре стороны света. В школе пифагорейцев пятиконечная звезда считалась символом совершенства — пять букв альфа, соединённых концами. Реальные морские звёзды тоже могут считаться совершенными созданиями Природы, они существуют на Земле уже около полумиллиарда лет.

В СЕРДЦЕ МАТЕРИ

Ребёнок всегда в сердце матери. Банально? Буквально! Но всё по порядку. 9 месяцев мать носит своё дитя. А почему именно 9? Похоже, что это максимальная нагрузка, которую организм человека может выдержать. Огромный мозг, да и размеры у плода изрядные, много ресурсов уходит. Зародыш прикрепляется к стенке матки особыми клетками, которые потом формируют плаценту. В ходе эволюции матка возникала много раз: у скорпионов, у уховёрток, у разных рыб — у акул, у гамбузии. У самца морского конька, который вместо самки вынашивает детей в специальной брюшной сумке, работают те же гены, что и у женщины. Предполагают, что гены, ответственные за формирование матки, разнёс по свету какой-то вирус. Возможно, он заразил млекопитающих и забрался в их клетки более 100 миллионов лет назад.

Специализированные клетки зародыша активно внедряются в стенку матки. Эти агрессивные клетки развивающейся плаценты сметают со своего пути материнские клетки. Плацента в принципе может прикрепиться к любому органу. Часть её клеток прикидываются похожими на клетки кровеносных сосудов матери. Они проникают в артерии матки родительницы и расширяют их, чтобы увеличить приток крови к плоду, — драматические события. Плацента способствует наращиванию 32 миль (51 км) кровеносных сосудов: это равняется откуда до...? Каждую минуту по этим сосудам проходит 20 % крови матери. Неудивительно, что при этом клетки ребёнка попадают в организм женщины, а её клетки — в плод. Исследование мозга пожилых женщин неожиданно выявило присутствие мужских клеток, причём не у всех, а лишь у тех, у кого были сыновья. Этим явлением заинтересовались и выяснили, что клетки детей обнаруживаются во всех органах матерей. Гинекологи давно говорили, что рождение ребёнка омолаживает женщину. Красиво, конечно, но непонятно почему. Оказалось, что они правы. Мать через плаценту получает тысячи стволовых клеток эмбриона. Иммунитет пытается с этим вторжением бороться, женщину тошнит, но маленькие хитрецы умеют блокировать материнскую защиту. Примечательно, что если будущая мать страдает аутоиммунным заболеванием, то её состояние во время беременности в ряде случаев улучшается. Клетки ребёнка в организме матери, можно рассматривать как продолжение плаценты. Их цель — получить для нового растущего организма как можно больше. У матери свои задачи, ей ещё и для других детей надо себя сберечь. Возникает интересное и непростое сочетание конфликта и сотрудничества двух разных существ, живущих в весьма тесном соседстве. Как и в обычной жизни, нетрудно предсказать, где следует ожидать взаимопомощь, а где — противостояние, где произойдёт столкновение, а где — совместные действия. Детки — известные манипуляторы, они начинают управлять мамами ещё в утробе. Можно представить, как клетки плода будут действовать на мать, исходя из житейских соображений, что ребёнку нужно. Ясное дело, требуются любовь, питание, тепло и ещё, что очень важно, здоровье матери.

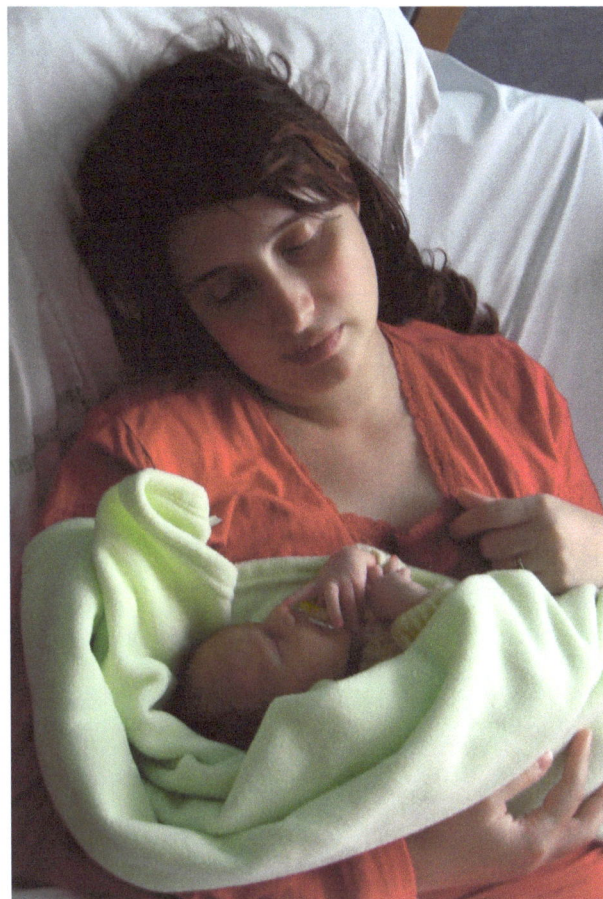

Стволовые клетки помогают заживлять раны. Тысячи стволовых клеток ребёнка перемещаются в место разреза при кесаревом сечении, и это место заживает быстрее других швов. Стволовые клетки эмбриона оказываются в сердце и порождают новые мышечные клетки в случае неполадок.

Вместе с защитной системой матери клетки ребёнка борются с её болезнями. Ребёнку нужно побольше молока, и его клетки пробираются в молочную железу, где всемерно повышают надои. К сожалению, это имеет и свою обратную сторону. Известны случаи возникновения рака груди вскоре после рождения ребёнка. Однако, похоже, в целом вторгшиеся клетки снижают вероятность заболевания раком груди в будущем. Ребёнку нужно тепло. Стволовые клетки эмбриона влезают в щитовидную железу и интенсифицируют её работу. Неудивительно, что после родов зачастую наблюдаются проблемы с щитовидной железой. Детки, точнее их клетки, у нас и в печёнках сидят, во всех смыслах.

Мать желательно иметь любящую, спокойную и добрую. Такое дело нельзя пускать на самотёк. Лучше, не полагаясь только на материнский инстинкт, своих гонцов разослать. В мозгу матери они могут превратиться в новые нервные клетки, регулировать поведение и опять же влиять на выработку молока. Интересно, что в мозгу больных Альцгеймером число детских клеток гораздо ниже, чем у здоровых матерей.

Иммунитет матери со временем вычищает часть клеток ребёнка, но тем не менее немало остаётся. Появляются новые дети, ещё в чреве в них забираются не только клетки матери, но и клетки их старших братьев и сестёр, к тому же и бабушкины клетки присоединяются, ведь мать в свою очередь несёт в себе клетки своей матери.

Мать и дитя.
Вера Пестель, рисунок углем.
1920-е годы

Многие народы в своём воображении создали живых существ, составленных из разных животных: сфинксы, грифоны, сирены, всех не перечислить. Химеры вполне комфортабельно поселились в мифологии и архитектуре. В биологии химерами называют организмы, содержащие клетки других организмов, и получается, что мы сами все химеры. Так, может быть, химеризм на самом деле прекрасное явление Природы? Теплее становится от сознания, что клетки детей навсегда в нашем сердце. А где-то там внутри с нами на всю жизнь частички наших матерей.

ГОЛУБАЯ КУРИЦА

С озера ночью донеслось громкое аханье и крики болотной курочки, возможно, кто-то её побеспокоил. Во Флориде обитает четыре вида водяных курочек. Одна из них — камышница — чёрная с белыми перьями на крыльях и под хвостом. У неё ярко-красная кожистая бляшка на лбу и жёлтые лапы. Питаются камышницы растениями и мелкими животными. Удивительно, что болотные курочки — птицы перелётные, они могут пролететь около 2000 километров, летят ночью. В сезон размножения камышницы свирепо отстаивают свою территорию. Чтобы запугать противника равного размера, камышницы опускают голову и растопыривают крылья. В споре с более крупными утками камышница вытягивается бутылочкой и пихает противника лапами. Даме надо сперва понравиться — самец веером раскрывает свой небольшой хвост и преподносит что-нибудь вкусненькое. Пара вьёт гнездо рядом с водой или на плавучих растениях и откладывает 8–10 яиц. Появляются птенцы, чёрные и пушистые, на непропорционально больших лапах. На следующий день они покидают гнездо. На крыльях у них специальные крючки, позволяющие забираться обратно. Птенцы в случае опасности умеют нырять и плыть под водой. Месяца два родители их кормят, а потом снова откладывают яйца, и первенцы помогают выкармливать младших. Правда, они не всегда так усердны, как папа с мамой, — подростковый возраст, что поделать. Бывает, маленький пищит и бежит за старшим, который и не думает с ним едой делиться.

Лысухи чёрные с белой бляшкой на лбу. На пальцах у них складные плавательные лопасти. Лысухи хорошо ныряют, чтобы взлететь, для разгона бегут по воде. Иногда они собираются в огромные стаи.

Камышница

Говорят, без греха века не проживёшь. Лысухи, как кукушки, часто подбрасывают яйца в гнёзда соседних лысух или птиц других видов. Тот, кто сам провинился, за другими строже следит. «На грех и курица свистнет» — гласит поговорка, но лысухи не свистят, а хорошо умеют пересчитывать отложенные яйца. Родители прекрасно узнают родных птенцов. А как их отличить от чужаков? Все вроде совершенно одинаковые. Оказалось, лысухи чётко запоминают, как выглядит самый первый вылупившийся в этом сезоне цыплёнок, обычно это свой, и сравнивают с ним всех последующих. Если вначале появляется подкидыш, родители потом собственных отвергают. Не в этом ли заключается секрет кукушонка, который опережает других птенцов? Сказочник Ганс Христиан Андерсен правильно описал поведение птиц. Как ненавидели Гадкого Утёнка, который вышел из яйца гораздо позже своих братьев и сестёр! Успел бы перед другими, им бы гордились и сказка оказалась бы не о том.

От чёрного до сияющего синего — один шаг. В перьях над чёрным фоном расположены светопреломляющие структуры, и птица выглядит сине-лазоревой. Такие болотные курочки живут во Флориде и именуются султанская курица, или султанка. На других языках их называют курочками султанши, у маори это птицы самого вождя. Плиний Старший писал, что султанок как аристократическую птицу римляне держали в богатых домах. Султанка изображена на фреске в Помпеях. В Эверглейдз можно увидеть малых султанок. Они ловко бегают по листьям кувшинок и водяных лилий. В конце 1980-х годов в Пемброк Пайнз, вероятно, кому-то подумалось: «Если б я был султан, я б имел...» султанок — и в Южную Флориду завезли каспийских султанок, тех самых, которыми владели и римляне, и султаны, и султанши. Каспийские султанки с сероватой головой крупнее малых

Лысуха

султанок. В США местных птиц держать дома нельзя, это нарушение закона с последующим обвинением в уголовном преступлении. В начале 1990-х годов налетел ураган, и около сотни каспийских султанок унесло в Эверглейдз. Они расселились уже до озера Окичоби. Теперь во Флориде сосуществуют два разных вида красавиц султанок.

Семейная жизнь султанок складывается по-разному. Почему-то на западе преобладают моногамные пары, он и она, а на востоке наблюдается склонность к кооперативному размножению, когда объединяются несколько самцов и самок, образуя коммуну, при этом одна самка доминантная, главнее остальных, она же откладывает больше яиц. В таких семьях важно, чтобы яйца откладывались одновременно. Сперва один самец символически приносит веточку, и тут все начинают спариваться со всеми. Самцы строят несколько гнёзд и защищают территорию. Вначале они делают пробное гнездо, за год строительные навыки подзабываются, но затем качество конструкций неуклонно повышается. Насиживают яйца султанки по очереди. Для смены караула существует пароль. Заступающий на насиживание приносит сменяемому листик. Молодые птицы до трёх лет помогают взрослым кормить птенцов, «стройматериал» подносят, а сидеть на яйцах им не доверяют. Султанки всё время оживлённо друг с другом переговариваются.

Водяные курочки в мифологии активно содействуют богам или героям. Лысуха принесла Творцу землю со дна океана, из которой сушу и сделали. В те времена, по-видимому, тоже случилось глобальное потепление и герой маори сражался с жарким солнцем. Только султанка не побоялась помочь воину и принесла ему воды, так что светило он усмирил, а в благодарность всего-то и дал султанке длинные ноги с широко расставленными пальцами, чтобы она могла хорошо бегать по болотам.

Малая султанка

ЧЕЛЮСТИ В ЗАСАДЕ

Мурена выглядывала из своего убежища между кораллами и всё время открывала и закрывала зубастую пасть. Запугивала? Нет, просто мурены так дышат. Они постоянно заглатывают воду и проталкивают её через жабры. Мурены — это разновидность угрей. Сплюснутое с боков тело лишено чешуи и покрыто слизью. Спинной плавник идёт вдоль всего тела и сливается с хвостовым, других плавников нет. Мурена плавает, извиваясь, как змея. Слизь снижает трение, в итоге мурена двигается очень быстро, а энергии затрачивает мало. Мурены умеют перемещаться боком и даже завязываться узлом. Тем не менее они не гоняются за добычей, а подстерегают её в укрытиях. Иногда мурены делят свою обитель с другими муренами. Если норка в песке, слизь мурены склеивает песчинки, укрепляя стенки. На конце морды видны трубочки, это ноздри, нюх у мурены острый. У носатой мурены ноздри длинные ветвистые и похожи на водоросли. Не сразу поймёшь, что это голова хищника. Мурены питаются рыбой, осьминогами, креветками. Верхние челюсти часто снабжены двумя рядами зубов. Что обычно держат в резерве? Ну, полк, ну, пол-литру, а у мурены спрятаны дополнительные челюсти. Они располагаются позади рта, на шее мурены видно утолщение. Мурена хватает добычу своими острыми зубами, и тут же из засады в глотке в рот вылетают другие челюсти с не менее острыми зубами, которые тоже вцепляются в пойманное, и утаскивают его в пищевод. Передние челюсти раскрываются, как только в дело вступают глоточные челюсти. Всё занимает доли секунды. Идею засады полезно использовать и для совместной охоты. Мурены ведут одиночный образ жизни, но не чужды и кооперации с другими. Групер охотится только на открытых пространствах, а мурена в любую щель пролезет. Групер подплывает к норке, где сидит мурена, и особым образом кивает головой, что означает: «Поохотимся вместе?» Если она соглашается, групер либо головой указывает, где в расщелинах сидит рыба, либо гонит добычу прямо на мурену. Жертва начинает метаться и достаётся одному из охотников. Чтобы понять, чего стоят даже близкие друзья, человеку требуется много времени: «Парня в горы тяни — рискни!.. Там поймёшь, кто такой». Рыбы гораздо сообразительней. Они быстро оценивают надёжность партнёра, и с теми, на кого нельзя положиться, дела больше не имеют. Мурены ведь тоже с разными характерами встречаются. Иногда товарищей по охоте видели плывущими вместе бок о бок. Обмениваются охотничьими рассказами или планируют?

Зелёная мурена

Одни мурены с возрастом пол меняют, другие сочетают в себе оба, они гермафродиты. Однако для успешного продолжения рода всё-таки требуются двое. Мурены сплетаются своими длинными телами в невероятно красивом и пластичном любовном танце, чем-то напоминающем танго. В воду выпускается икра и сперматозоиды, происходит оплодотворение, и любовники моментально расстаются. Оплодотворённая икра плавает около месяца, после чего из неё выходят необычные личинки: они похожи на абсолютно прозрачный ивовый листик. Красных кровяных клеток у личинок мурен нет, видны только позвоночник и зачаточная пищевая трубка. Личинки заполнены стекловидным гелем, а вперёд торчат острые зубки, хотя непонятно, что они едят, возможно, отходы планктона. Личинки могут плавать как вперёд, так и назад. Невидимками они носятся по всему океану месяцев 7–8, иногда и дольше. Мальки других рыб на их месте стремятся поскорее вырасти. Мурен называют самыми космополитичными оби

Мурены

тателями кораллового рифа. За что? Дело в том, что личинки оказываются очень далеко, и близкие родственники рассеяны по всем концам огромного океана. Размеры разных видов мурен варьируют от 15 сантиметров до 4 метров. Вес их может достигать 30 килограммов.

Водятся в океане одноклеточные организмы, динофиты, которые синтезируют яд сигуатоксин. Этот яд остаётся в теле тех, кто его съел, для рыб он безвреден. Динофитами питаются мелкие рачки и мальки. Их, в свою очередь, поглощают более крупные рыбы. Таким образом, мурена, которая живёт до 30 лет, успевает накопить значительное количество сигуатоксина. Около 3 % туристов на островах Карибского моря испытывают симптомы отравления сигуатоксином. 20 % всех случаев отравления рыбой вызваны именно им. Может быть, поэтому мурены — табу на островах Полинезии. Их ассоциируют там с кокосовой пальмой. У древних греков мурена вызывала совсем другие аналогии. Они не могли не поместить столь эффектную рыбу в свою мифологию. Наяда Сцилла когда-то славилась своей красотой. Наяды — те же нимфы, только тесно связанные с водой. К сожалению, ревнивцы отравили воду, где она купалась. В результате прекрасная девушка превратилась в прожорливое чудовище, по слухам то ли с головами, то ли с хвостами мурен, и поселилась на одной стороне Мессинского пролива. У берегов Флориды обитает 15 видов мурен. Говорят, если их не тревожить, как Сциллу, они очень спокойные и миролюбивые рыбы.

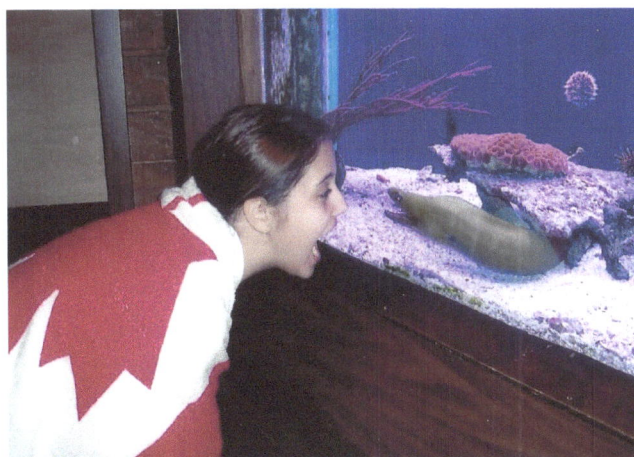

СУЩЕСТВА НЕЗЕМНОЙ КРАСОТЫ

Всем моим котам и кошкам

«**Ж**ивут на земле
Существа неземной красоты.
Я думаю,
        ты догадался,
Что это — КОТЫ»

— писал Борис Заходер. Коты и кошки с людьми уже около 10 тысяч лет. Скорее всего, они стали навещать жилища человека одновременно с возникновением сельского хозяйства на Ближнем Востоке, недаром слово «кот» пришло из семито-хамитских языков. Запасы зерна привлекали полчища крыс и мышей, вслед за ними появились кошки. Во всех странах, производящих шёлк, кошки наряду с продовольствием охраняют и шелкопрядов. Точнее всех одомашнивание кошки описал Редьярд Киплинг в сказке «Кошка, которая гуляла сама по себе». Генетический анализ показал, что домашние кошки произошли от дикой степной кошки. Так как кошка родом из жарких пустынных регионов, она очень хорошо переносит жару и может довольствоваться только водой, содержащейся в пище. Пот выделяется на подушечках лапок. 5000 лет назад в Китае людям сопутствовала леопардовая кошка, однако по каким-то причинам она там не ужилась. Постепенно кошки распространились по Европе, а затем и по миру. Детские волшебные сказки, сложенные около 4000–5000 лет назад, отразили, как бедные сыновья мельников приносили кошек в страны, где их ещё не знали. Кошки спасали от мышей, после чего в обстановке всеобщего восторга героям отдавали королевских дочек. Интересно, что в одной из сказок несут ещё и серп, чтобы научить жать пшеницу. Так как кошки уничтожа-

Зеленоглазая красавица в Доме-музее Хэмингуэя

ют мышей, для них делают исключение даже на Горе Афон, куда не допускаются не только женщины, но и домашние животные женского пола. Несмотря на столь солидный срок совместной жизни, в кошках остаётся много загадочного и непонятного. Как они умудряются найти дорогу к дому, проходя до 1500 километров? Кот Ниндзя прошёл 850 миль (1368 км) из штата Вашингтон и вернулся в свой старый дом

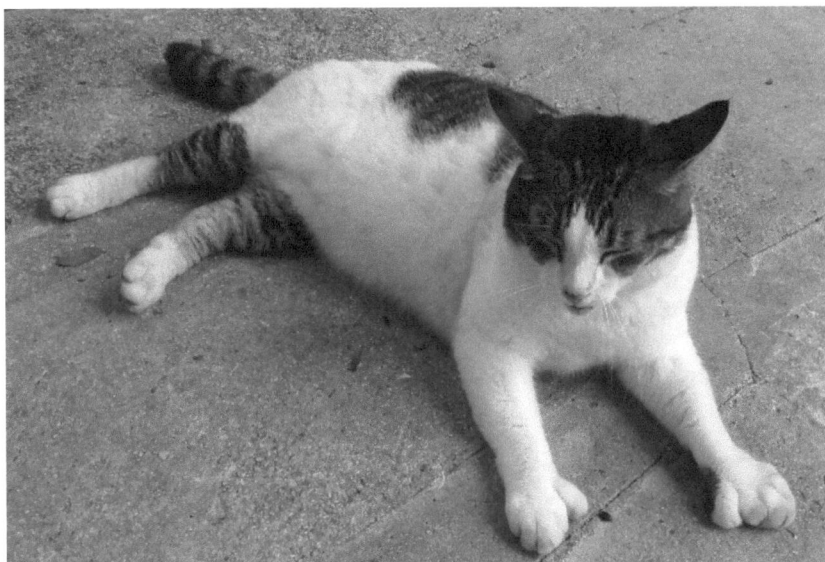

Многопалый кот Хемингуэя. На лапах много пальцев

в Юте. Кошка Мурка, которую отвезли в Воронеж, вернулась домой в Москву. Не исключено, что кошки ориентируются по магнитному полю. На передних лапках у кошек пять пальцев, на задних — по четыре. Кошки ходят, опираясь на подушечки пальцев, получается, что они передвигаются на цыпочках. На Ки-Уэст в доме Хемингуэя живут кошки, у которых насчитывается до 28 пальцев. Это особая мутация. В Европе таких кошек опасались, считая пособниками нечистой силы, а моряки, наоборот, ценили как талисман. Распространённое явление: для одного ведьма, а для кого-то другого — счастье. Хемингуэй попросил знакомого капитана подарить ему шестипалую кошку. От неё и пошло всё кошачье население дома-музея писателя. По известности они уже почти затмили самого Хемингуэя. Половина посетителей приезжает из-за кошек. Хемингуэевским кошкам дают обзавестись котятами и затем кастрируют.

Кошки весьма пластичные создания. Соединение костей очень подвижное, а ключицы вообще нет, и кошки могут пролезть туда, куда протиснется их голова. Чтобы зазря голову не совать, кошки определяют ширину лаза своими чувствительными усиками на морде. Чувствительные волоски разбросаны и по всему телу. Рёбер — тринадцать, так что Еву котам точно не создавали. Гибкий позвоночник и особый рефлекс позволяют кошке всегда приземляться на четыре лапы. У кошек прекрасный слух. Они слышат ультразвуки, издаваемые мышами, и не только. В посольстве Нидерландов в Москве два сиамских кота стали мяукать и скрести стену. Там притаились не мыши, а микрофоны прослушки. Нос каждой кошки покрыт рельефными линиями, такими же индивидуальными, как у людей отпечатки пальцев. Обоняние у кошек в два раза острее, чем у человека, но слабее, чем у собак. Кошки обладают вторым органом обоняния — Якобсона, который настроен на специфические кошачьи запахи. Если кошка как бы брезгливо поднимает верхнюю губу, она использует

Одичавший кот в ветвях апельсинового дерева. Афины

орган Якобсона. Пахучие железы расположены у кошек на морде, хвосте и передних лапах. Когда кошка «месит» хозяина, что так любил Хемингуэй (да и не только он), она метит его своими духами: «Ты мой». Кошки не чувствуют сладкий вкус, зато распознают несколько вариантов горького. Язык покрыт жёсткими сосочками, чтобы вычёсывать шерсть. В темноте кошки видят в восемь раз лучше, чем мы, а вот красный цвет от зелёного не отличают.

Успокаивающе действует кошачье мурлыканье. А почему? Как и зачем кошка мурлычет? До конца неясно. Вообще-то многие мурлычат: пумы, кролики, морские свинки, гориллы, хотя навряд ли кого обрадует мурлыканье гепарда или гориллы прямо над ухом. Мурлыканье бывает разным и служит разным целям. Оно способствует снятию стресса, расслаблению. Котята, рождающиеся слепыми и глухими, по вибрациям находят материнский сосок. Похоже, что мурлыканье стимулирует выработку веществ, облегчающих боль. И конечно же, мурлыканье — приём общения. «Идёт направо — песнь заводит, / Налево — сказку говорит» — неслучайно именно кота для этой роли выбрал А. Пушкин. У кошек большой репертуар звуков, обозначающих самые разные понятия. Дикие коты — одиночки. Почему с человеком у домашних кошек складываются совершенно особые отношения? «В кошачьем сердце нет любви», — запальчиво утверждала М. Цветаева. Так ли это? По своему строению кошачий мозг напоминает человеческий. Кошки видят сны. Да, бесспорно, что доброе слово и кошке приятно. Но почему, если они такие индивидуалисты? Почему они гордо приносят показать хозяевам пойманную мышь, новорождённых котят и ожидают горячего одобрения и восхищения? Кошки необычные создания: при надобности развивают скорость до 31 мили (49 км)/час, рекордный приплод составил 19 котят, а одна кошка дожила до 38 лет. Следует отметить, что средняя продолжительность жизни у кошек за последние 50 лет выросла с 7 лет до 12—15 лет. Это совпало с их действительным одомашниванием, кошки почти перестали гулять сами по себе. Сколько жизней у кошки? Зависит от народа, с которым она живёт: 9 жизней — у русских, 7 — у немцев и итальянцев и 6 — у турок. Если поместить кошку и кучку костей в одной комнате, кости сами срастутся, шутят ветеринары. Кошек обожествили древние египтяне, они почитали богиню Бастет с кошачьей головой. Кошек мумифицировали, а чтобы снабдить их едой, заготавливали мумии мышей. У норвежцев — богиня любви и плодородия Фрея ездила на повозке, запряжённой крылатыми кошками. В Японии кошка — символ удачи. В некоторых религиях считается, что кошки — возвышенные души, которые многое знают, но не говорят об этом.

ПЕРВОПРОХОДЦЫ

Чья нога первой ступила на землю? Примерно 430 миллионов лет назад ног ступило сразу много — десятки по крайней мере. Когда на суше появилась еда: мхи, бактерии, — за ними из океана выбрались тогдашние сороконожки, отдалённые родственники насекомых. Научное название у сороконожек более точное — многоножки. На вопрос «Сколько ножек и сколько сапожек у сорока сороконожек?» следует отвечать уклончиво, ведь у сороконожек никогда не бывает 40 ног, а вот 38, 42, 46 вполне возможно. Дело в том, что тело сороконожки сегментировано, на каждом сегменте 2 или 4 ноги, а сегментов всегда нечётное число. Сороконожки покрыты кальцинированным хитиновым панцирем, но тем не менее они теряют много воды и предпочитают влажные места. Размер первых многоножек на суше не превышал 1 сантиметра. За полтора миллиона лет они достигли 2 метров, но к нашему времени, к счастью, уменьшились до 0,2−30 сантиметров. Мы их не замечаем, так как они прячутся и выходят в основном ночью. Некоторые многоножки светятся зеленовато-голубоватым светом, чтобы отпугнуть врагов в темноте. На 1 квадратном метре можно найти до 600 сороконожек.

В случае опасности многоножки часто сворачиваются и выдавливают липучую жидкость с ядовитыми веществами: синильной кислотой, фенолом, крезолом и прочим химоружием. Держать такой арсенал в собственном организме опасно. Отравляющие вещества поэтому образуются только при выделении на поверхности многоножки, и они такие едкие, что разъедают покровы муравьёв. Интересно, что встречаются многоножки, предпочитающие

Сколопендра

жить в муравейнике, и муравьи от них никак не страдают. Почему сороконожки при движении извиваются? Математическое моделирование установило, что для устойчивости. Говорят, что, когда у сороконожки спросили, в каком порядке переставляются её ноги, она так задумалась, что не смогла ходить. Задумываться сороконожке есть чем, поскольку она обладает мозгом и развитой нервной системой. Зрение у многоножек слабое. Органы чувств находятся на антеннах-усиках и часто на ногах. Об ощущениях сороконожки известно мало. Вон у людей только недавно обнаружили, что кожа различает запахи. Правильно твердили: «Я кожей чувствую», но никто же всерьёз не воспринимал.

Все многоножки объединены в надкласс *Myriapoda*, что означает «мириад ног». Затасканный штамп — мириады звёзд на небе. Это сколько? Что такое мириад? В переводе с греческого всего-навсего 10 тысяч. Для древних греков — неисчислимое множество, для нас — ничего особенного, ну а для многоножек — слишком много: у них 750 ног — рекорд. *Myriapoda* включает в себя два класса с говорящими названиями: губоногие и двупарноногие. Названия давались в ту безвозвратно ушедшую пору, когда биологи, да и все остальные, переводили иностранные слова на русский язык. У губоногих первая пара ног сложена около рта, будто нижняя губа. На самом деле это острые когти с ядом внутри. К губоногим принадлежат сколопендры, их укус крайне болезненный. Губоногие — активные охотники. Они убивают жертву своим ядом. Яд — нейротоксин, возникший в ходе эволюции из гормона типа инсулина. Губоногие быстро бегают. Если потеряли ногу, не беда, вырастет новая.

Двупарноногие — красивое, что-то напоминающее слово, попросту означает, что на каждом сегменте не одна, а две пары ног. Эти многоножки ловко зарываются в землю и питаются растительными остатками, создавая компост. Яда для охоты у них нет. Двупарноногие — большие чистюли: они постоянно снимают с себя налипшую грязь, благо, лапок для этого занятия предостаточно. Для того чтобы прожить на Земле почти полмиллиарда лет, надо успешно плодиться. Зачастую этому предшествует ухаживание, ритуальный танец, отдельные кавалеры даже поют, ударяя себя ножками по телу, или угощают самку выделениями особых желёз. У губоногих самец оставляет пакет со спермой, и самка его подбирает. У двупарноногих сперва женилка должна вырасти: несколько обычных ножек заменяются половыми ножками, которые называются гоноподии, что означает «репродуктивные, или сексуальные, ноги». Сексуальные ножки требуют пространства, и кишечник может уменьшиться, что приводит к недоеда-

Кивсяк

нию. Приходится периодически отказываться от удовольствий, сбрасывать гоноподии, отъедаться, а уж затем снова их отращивать. Не просто так всё в жизни даётся. Большинство сороконожек зарывают яйца в землю, а потомство само разберётся. Другие становятся наседками, иногда насиживает самец. Многоножки чистят яйца, облизывают их. Слюна защищает от плесени. Третьи следят за детками до первой линьки. Живут многоножки около 10 лет.

На каждого находятся свои ценители. Многоножек стали разводить в качестве домашних животных. Популярны сколопендры и двупарноногие многоножки кивсяки. Происхождение слова «кивсяк» непонятно. Пишут: «В лесу пахло кивсяками», смесью синильной кислоты и фенола, получается? Во Флориде кивсяков часто можно увидеть около дома или в гараже. Российские любители покупают их в США. Санкции на сороконожек не распространяются. Как уже случалось много раз, экзотических животных выпускают на волю. На юге Флориды таким образом поселились гаитянская сколопендра размером до 20 сантиметров и полосатый жёлто-чёрный кивсяк, достигающий 10 сантиметров. Расплодившиеся полосатые кивсяки залезли даже в клетки обезьян в майамском зоопарке. Приматы не испугались и не растерялись, а тут же нашли кивсякам применение. Обезьяны натирают себя их ядовитыми выделениями, что отпугивает комаров. Самих же кивсяков съедают и ловят от этого кайф, так как сороконожки действуют на обезьян как галлюциногены. Неправ оказался Козьма Прутков, утверждавший: «Обезьяна, однажды опьянев от бренди, больше никогда к нему не притронется...»

ПОД ЗВЕЗДОЙ ЭПИГЕНЕТИКИ

«**Р**ождённый ползать — летать не может!» Зачем так категорично? Например, тли: нападение хищника или излишняя толчея на вкусном месте производят такое впечатление, что часть тлей отращивает красивые прозрачные крылья, а другие воспроизводят на свет крылатых дочерей — пусть хоть дети спасутся. Как же у бескрылых рождаются окрылённые? Почему вырастают крылья? От испуга? Что-то кроме обычной работы генов? Да, изменение окружающей среды ставит свои метки на генетический материал, на ДНК. Поэтому это явление назвали эпигенетика, что означает «поверх генетики». Эпигенетические изменения регулируют работу генов. Многое, казавшееся раньше суеверием, находит подтверждение. Говорят, беременной женщине вредно пугаться, ребёнок беспокойным будет. Это правда. Если самке сверчка, собирающейся отложить яйца, повстречается паук, на ДНК образуется особая метка, у сверчат повышается чувствительность к опасности, к стрессу, а значит, они лучше прячутся от пауков. «За одного битого двух небитых дают» не зря. В данном случае сверчков обезопасил материнский испуг. Мелкие рачки дафнии, появившиеся у матерей, которые учуяли запах хищных личинок комаров, обладают более твёрдыми колючками на голове. Вейсман рубил крысам хвосты, но все крысята по-прежнему имели хвостики. Сто лет это служило неопровержимым доказательством того, что внешняя среда не влияет на гены. При этом никто не замерял нервозность тех крыс, которым много поколений подряд отрезали хвосты. Природа обычно не говорит, а шепчет, и зачастую совсем не то, что ожидал услышать экспериментатор.

Все знают, что животные своих новорождённых всё время вылизывают. Чтобы чистенькие были? Не только. Материнская забота всем необходима, даже вопросов не возникает, а напрасно. Выяснилось, что чем чаще крысы вылизывают своих детёнышей, тем более спокойными они вырастают, тем ниже у них уровень гормона стресса. Родительская любовь на всю жизнь запечатлевается на ДНК, и дети, в свою очередь, становятся прилежными матерями. У нерадивых мамаш крысята нервные. «Кто без призора в колыбели, тот век не при деле» — гласит народная пословица. Если деток ленивых матерей подкладывали примерным мамам, те сразу же принимались за дело. В результате подкидыши оказывались спокойными и тоже усердно вылизывали своих крысят. Записываются не только ласка и стресс. Давным-давно сказано, что грехи безнаказанно не проходят и падают на «детей за вину отцов до третьего и четвёртого рода». Известна связь между алкоголизмом и врождёнными дефектами, проявляющимися впоследствии в трёх-четырёх поколениях. Алкоголизм, курение, наркотики оставляют свои следы на ДНК родителей и их детей. Тем не менее выпить рюмку, выпить две, несмотря на чижика, идёт на пользу организму. Вредит неумеренное потребление. Сыновей алкоголиков тянет к выпивке, и круг замыкается. Примечательно, что у мышей потомство отцов, живших в пара́х алкоголя (а как иначе мышь заставить выпить?), спиртное избегает. Не всегда по мышам о людях получается судить.

Влияние питания на работу генов столь значительно, что даже новая наука возникла — нутригеномика. В зависимости от еды личинки пчёл становятся матками или рабочими. «Без матки пчёлки — пропащие детки» — утверждает пословица. Взрослые рабочие пчёлы постоянно слизывают вещество, которое выделяет матка. Это соединение подавляет развитие их яичников, и рабочие пчёлы не откладывают яйца. Интересно, а когда начальству лижут, какие метки на мозгах остаются? Жёлтых мутантных беременных мышей, страдавших ожирением, кормили витаминами, которые поставляют материал для меток на ДНК. В итоге часть мышат родилась нормального мышиного цвета, и ожирение им не грозило. В начале 1960-х годов лекторы общества «Знание», выступавшие в воинских частях, удивлялись, какие солдаты пошли малорослые. А ведь их матери голодали. Все помнят изящную Одри Хепбёрн, она девочкой пережила страшный голод 1944—1945 годов в Нидерландах. Врачи тогда вели детальные записи и заметили, что, если будущая мать перенесла голод в конце беременности, дети на всю жизнь оставались тонкими. Если голод пришёлся на первый триместр беременности, дети рождались маленькими, а впоследствии страдали ожирением и многочисленными физическими и психическими отклонениями. Не только дети, но и третье поколение, внуки, наследовали эти особенности. С другой стороны, сперма не в меру толстых отцов несёт свои метки на ДНК, и дети в результате предрасположены к ожирению. Раньше количество и качество еды в крестьянских домах зависело от времени года. В Африке это происходит и сейчас. В Гамбии у детей, зачатых в более голодное время года — сезон дождей и более сытое — сухой сезон, метки на ДНК различаются. Метки на ДНК определяют к тому же процесс старения и, соответственно, продолжительность жизни. Астрологи предсказывают судьбы по звёздам, положение которых совпадает с временем года. Согласно данным эпигенетики здоровье и характер действительно связаны с месяцем рождения, что в итоге зависит не от светил, а от меток на генах. Дети, испытавшие голод в первые годы жизни, часто плохо учатся. Во время войн страдания родителей, как отцов, так и матерей, отражаются на потомстве. Дети женщин, с которыми плохо обращаются и которые недоедают, вырастают нервными и болезненными. Показано, что метки на одном гене ведут к неспособности общаться с себе подобными. Возможно, в некоторых странах возник эффект исторического снежного кома, когда поколение, родившееся невротичным и умственно отсталым, провоцировало новое насилие и голод. Жаль, никто не изучал влияние тоталитарной пропаганды на эпигенетику.

Эпигенетическое наследование не приговор, оно очень пластично, как доказали ласковые мамы-крысы. В этом участвуют специальные регуляторные гены. Окружающая среда и стиль жизни накладывают свой отпечаток и меняют здоровье как в плохую, так и в хорошую стороны. Занятия йогой, тайши, аюрведой, медитация, медицинский массаж, правильное питание способны снять по крайней мере часть вредных меток и добавить полезных.

КАРДИНАЛ И КОРОЛЕВА

Кардинал жил в королеве, точнее, внутри её мантии. По ночам он выбирался наружу поесть, но дальше чем на несколько метров от своей королевы не удалялся. Чего только не происходит в водах, омывающих Флориду, где обитают несколько разных видов кардиналов. Рыбы кардиналы получили своё название благодаря пятнам красного кардинальского цвета. Королева, *queen conch,* или королевский стромбус, — обладательница самой эффектной и красивой раковины в Карибском регионе. Как и положено королеве, у неё имеется мантия, в данном конкретном случае — складка на теле. В этой-то мантии кардиналы и поселяются. В больших раковинах, достигающих 30 сантиметров, находят до 3–4 рыбок, ведь их размер не превышает 3 сантиметров.

Королева, то бишь моллюск, — вегетарианец и питается только водорослями. Обычно стромбус закапывается в песок и проводит время там. Если надо перейти на другое место, королева передвигается вприпрыжку. Нога вытягивается, специальным крючком зацепляется за грунт и резким движением притягивает раковину к себе. Раковина подскакивает и опускается на новом месте. Не исключено, что подобная не совсем королевская походка помогает замести следы. Моллюск выпускает из-под раковины красивые желтоватые, почти человеческие глаза на стебельках, каждый из которых снабжён чувствительным щупальцем. Если глаз случайно откусили, он снова отрастает. Стромбусы откладывают икру в виде шнуров до 23 метров длиной. На неё налипает песок и делает икру менее заметной. В одной кладке содержится до полумиллиона икринок. Внутри икринки уже видна маленькая прозрачная раковинка. Через 4 дня из икры вылупляются личинки, похожие на крошечного моллюска с пропеллером, который не крутится, а машет ресничками. Поплавав три недели, личинка опускается на дно и начинает медленно расти. Кардинал в ней обоснуется, только когда раковина дорастёт до 12 сантиметров. Королевские стромбусы живут до 40 лет. За это время много поколений кардиналов сменится, их век не более 2–3 лет. Кроме кардиналов, которые сидят в каждой второй королеве, у стромбусов, правда, нечасто, ещё и жемчуг образуется. Он разных оттенков розового, совсем не переливается и ввиду редкости очень дорогой. Королев, к сожалению, в океане становится всё меньше, и их взяли под охрану закона. Во Флориде королевских стромбусов специально разводят, чтобы восстановить убыль. А как же кардиналы? Их тоже начали размножать в искусственных условиях. Некоторые виды кардиналов вылавливают до миллиона в год для морских аквариумов, что наносит ущерб всему сообществу кораллового рифа. Кардиналы не только в моллюсков забираются, они прячутся в кораллах и среди колючек морских ежей. Сокращается число кардиналов, а за ними меньше становится и морских ежей. Всё в Природе взаимосвязано.

Кардиналы — очень изящные рыбки с большим ртом, причём у самца рот заметно больше. На вопрос «А почему у тебя такой большой рот?» самец кардинала, если бы умел говорить, ответил бы: «Чтобы вместить больше деток». Дело в том, что самец вынашивает потомство во рту. Момент размножения, как это часто случается, подчиняется зову луны и обычно совпадает с полнолунием. Самка выбирает симпатичного кандидата с достаточно привлекательным обширным ртом. Они уединяются в место, облюбованное дамой, и начинается обольщение. Сперва она

Гигантский стромбус (королевский стромбус)

стремительно проплывает мимо, затем подплывает сзади, и её бьёт дрожь. Чем мощнее самка, тем энергичнее она трясётся. В знак заинтересованности он может открыть рот. Появляются и другие кардиналы. Особ женского пола самка яростно гонит, самцам дозволяет остаться. В очень редких случаях, если с первым кавалером что-то не сладится или второй больше и краше, можно и переметнуться. Поняв, что он согласен, она выдавливает икринки.

Кардиналы, Pterapogon kauderni

Самка способна увеличить размер икринок, если самец покрупнее, ведь и рот у него, соответственно, пообъёмистей. Икринки, чтобы их не терять, склеены вместе в одну массу, которую самец быстро и аккуратно располагает у себя во рту. Неоплодотворённые и погибшие икринки он выплёвывает. Папаша в интересном положении месяц не ест: из икры во рту через три недели выходят детки и там же ещё около недели подрастают. Мать первые несколько дней вертится рядом. Через 30 дней молодь выплывает изо рта-колыбели и держится стайкой неподалёку в кораллах или в иголках морского ежа. При разведении кардиналов морского ежа нахально и с успехом заменяют щёткой, что вполне устраивает мальков. Отец наконец получает возможность подкрепиться и отдохнуть. Перерыв, однако, недолгий. Самцы вынашивают потомство до 6 раз за год. Самки способны производить икру гораздо чаще.

Кардиналы известны не только самопожертвенностью отцов. Многие кардиналы светятся. Голубоватый свет у разных видов исходит либо из глотки, либо из кишечника через прозрачные ткани. Некоторые внутренние органы служат линзами и отражателями, усиливающими свет. «Светить всегда, светить везде до дней последних» — это про рыбу кардинала. Морские организмы светятся для маскировки под луну, для привлечения добычи, для нахождения пары и для подачи разных иных сигналов. С другой стороны, лучше не засвечиваться, чтобы хищники не заметили. В теле большинства кардиналов в специальных органах размещаются светящиеся бактерии, родственные холерному вибриону. Если бактерий оказывается слишком много, рыбка выдавливает их в воду, откуда когда-то и набрала. Зачем кардиналы светятся, неясно. У королев и кардиналов своя, во многом загадочная жизнь.

ЛЕСНАЯ ЛАСТОЧКА

Трудно представить себе летающую в лесу ласточку. ещё сложнее вообразить, что чёрная с сине-фиолетовым отливом птица называется по-русски пурпурной. Однако именно так машинально перевели *purple martin* — пурпурная лесная ласточка, хотя фиолетовый и пурпурный — разные цвета и пурпур в чёрном оперении рассмотреть трудно. Лесная ласточка — самая крупная ласточка в Америке, самцы достигают 20 сантиметров, самки поменьше. Слово «лесные» появилось потому, что эти ласточки раньше селились вдоль опушек лесов, где они находили дупла. Индейцы ласточек любили, старались их привлечь и в своих селениях вешали выдолбленные тыквы. Белые поселенцы моментально переняли этот обычай. Лесные ласточки невероятно быстро избаловались, на Восточном побережье совершенно перестали искать что-либо подходящее сами и теперь полностью полагаются на искусственные конструкции. На Западном побережье они ещё присматривают дупла, правда, деревья не долбят, за них это делают дятлы, которые каждый год устраивают новые жилища, а старые забрасывают.

Ласточки с зимою летят во Флориду. В начале января первыми на старые гнездовья прилетают опытные самцы и занимают места. Через 2–3 месяца появляются самки и молодые самцы. Дамы начинают неторопливо осматривать предложенные помещения. Юные самцы показывают чудеса воздушной акробатики, но особ противоположного пола это не интересует. Молодёжь ещё не знает, что важнее всего — хорошая квартира. Самец не в состоянии принудить самку выбрать именно его, он только может её обольщать, а ничто не соблазняет так сильно, как жилплощадь. После того как сговорились, он сопровождает самку везде и защищает от других назойливых претендентов, хотя поначалу сам особенной верностью не отличается. Роли у лесных ласточек строго распределены. Самка строит внутри домика гнездо из грязи, веточек, перьев и соломинок. Самец защищает территорию и в завершение строительства приносит несколько зелёных листиков. Возможно, растения

*Самец лесной ласточки всегда
в заботах о благоустройстве*

предохраняют от паразитов. Она откладывает 4–6 яиц, строго по одному на заре. Он в это время поёт специальную рассветную песню. Самка насиживает около 2 недель, и затем оба родителя выкармливают птенцов. Деток стараются кормить стрекозами. Если запихнутое в пищащий ротик слишком велико, вынимают и разделяют на кусочки. За день лесные ласточки ловят около 400 мух или 2000 комаров. На одном месте столько не наберёшь, и ласточки каждый день улетают

Самки лесной ласточки

на значительные расстояния. Они заглатывают мелкие камушки, которые перетирают жёсткие покровы насекомых в желудке. Пьют ласточки тоже на лету, с поверхности воды. Вылет из гнезда — драматическое и важное событие: страшно, но хочется. Птенец многократно выглядывает из летка, примеряется, просит есть. Родители сидят рядом и терпеливо ждут: тоже волнуются. Ребёнок наконец вылетает, и родители сопровождают его в этом самом первом полёте, а потом направляют к гнезду. ещё неделю родители кормят и учат самостоятельно ловить насекомых. При этом птенцы издают особые детские крики, чтобы привлечь внимание родителей. Те отвечают точно такими же сигналами. На разные случаи у лесных ласточек имеется много соответствующих звуков. Под конец сезона размножения, когда птенцы выросли, самец поёт песню — заключительный аккорд. Лесные ласточки собираются большими группами. Их численность в одной стае иногда достигает 700 тысяч. Скопления ласточек такие плотные, что даже на радарах видны. Птицы готовятся к путешествию в Южную Америку протяжённостью около 5000 миль (8000 км). Всего треть года лесные ласточки проводят в Северной Америке. Более полугода они остаются в Бразилии, остальное время уходит на перелёты.

Птенцы лесной ласточки

Осенняя миграция с новым поколением на юг занимает почти два месяца. За день лесные ласточки покрывают до 500 миль (800 км) и делают продолжительные, по 2—3 недели остановки. Обратно на север они вылетают всегда в одно и то же время и долетают за 2 недели. Как же ласточки знают, куда лететь? Ориентир — магнитное поле Земли. Перелётные птицы обладают клетками, чувствующими силу магнитного поля. К тому же особый белок в глазах позволяет ощутить его направление. Поэтому птицы способны лететь с мест зимовья к родным гнёздам разными маршрутами и не ошибаются. Живут лесные ласточки до 14 лет.

Учёным всё интересно, и они решили узнать, что заставляет людей мастерить домики для лесных ласточек. Вопрос сформулировали примерно так: а если помогаете, то почему? Результат оказался несколько неожиданным. Большинство делает это для себя из сугубо эгоистических побуждений, чтобы испытать чувство глубокого удовлетворения, которое, оказывается, любят все народы. Меньшинство хочет просто содействовать ласточкам и сохранить природу, потому что, к сожалению, численность лесных ласточек значительно сокращается. Их домики теперь часто занимают скворцы и воробьи. В ответ умельцы изобрели леток особой формы: скворцы не пролезают и птенцы ласточек не выпадают. «Жилые комплексы» рассчитаны сразу на 12—16 ласточкиных семей. Работа над усовершенствованием домиков продолжается. Человек всегда неравнодушно относился к прилёту ласточек, ведь они приносят весну.

ПОЛЁТ ШМЕЛЯ

Шмели над лугом кружат, «Полёт шмеля» Римского Корсакова исполняют, однако люди живут в своём мире. Шмелями, игнорируя композитора, заинтересовались только после успеха братьев Райт и постановили, что подобные насекомые летать не могут, крылья малы. Мнение держалось, а шмели летали, и Римский Корсаков оставался весьма популярным. С развитием аэродинамики право подниматься в воздух за шмелями признали, правда с оговоркой, что они не эффективно как-то это делают. Почему же? Шмель летает со скоростью до 33,5 миль (54 км)/час и может «Судно на море догнать». «Шмелем князь оборотился», хотя пришлось многотрудной Царевне Лебедь сменить ему пол и превратить в самку, так как шмели жалят видоизменённым яйцекладом. У самцов (трутней) жала нет. «Нос ужалил богатырь: / На носу вскочил волдырь». Что же ввёл Князь Гвидон в нос бабе Бабарихе? Во-первых, вещества, разрушающие клетки, что приводит к сильной боли. Во-вторых, соединение, кричащее остальным шмелям: «наших бьют», аналогичное сигналу боевой тревоги.

Шмели — общественные насекомые. Их гнездо называется солидным словом «бомбидарий» — от латинского названия шмелей *Bombus*. Колония состоит из матки и рабочих. Рабочие — те же самки, только развитие яичников у них подавлено как самим фактом присутствия королевы, так и гормоном, который она вырабатывает. Совсем как в некоторых странах, в шмелином гнезде присутствует «полиция нравов». У шмелей она уничтожает яйца, отложенные рабочими. Сама матка тоже строгая: коли обнаружит незаконное яйцо — съест. Если королева погибла или ослабла, рабочие становятся более агрессивными и начинают откладывать неоплодотворённые яйца, из них развиваются трутни. На брюшке у шмелей выделяется воск для строительства ячеек, куда собирают нектар и пыльцу. В ячейки с пыльцой матка откладывает яйца, вылупляются личинки, рабочие их кормят. В итоге в колонии шмелей насчитывается от 20 до 500 особей. Не все хотят трудиться, нахлебники всегда найдутся. Шмели-кукушки эксплуатируют чужих рабочих. Самка шмеля-кукушки проникает в гнездо и сильными челюстями убивает матку. Захватчица начинает откладывать свои яйца, из которых выходят королевы-кукушки и трутни-кукушки.

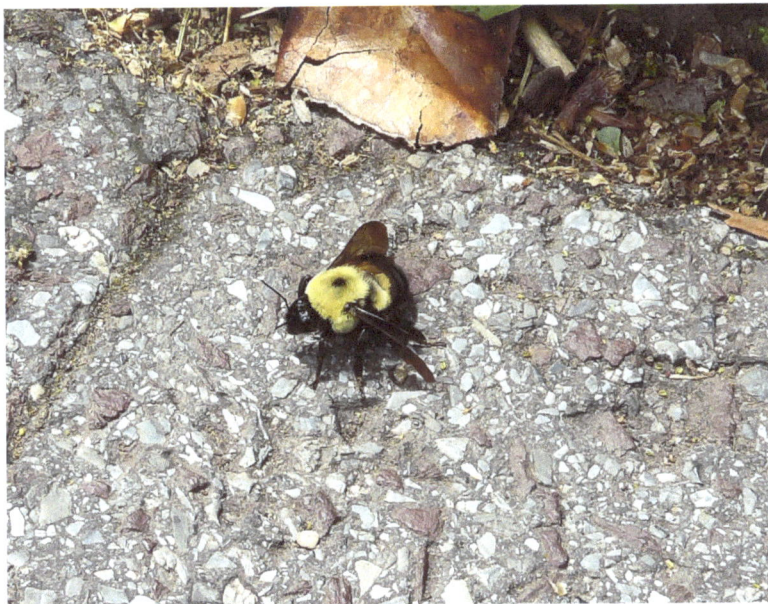

Шмели за нектаром и пыльцой летают на расстояние до 1,2 мили (2 км). Хоботок в нерабочем состоянии складывается под головой. Он у шмелей длиннее, чем у пчёл, поэтому можно пить из цветов, которые пчёл не интересуют. Бывает, ранней весной не дождёшься, когда же появятся первые цветы. Нетерпеливые шмели ускоряют события. Они прокусывают листья, при этом, очевидно, со слюной в растение попадают какие-то стимуляторы. Покусанные шмелями растения зацветают раньше положенного срока. Воровство встречается и у насекомых. Иногда шмели прокусывают цветок снаружи и забирают нектар без опыления. Нектар попадает в медовый зобик. Заполненный, он составляет до 90 % веса шмеля, а чтобы его набить, надо посетить от 60 до 100 цветков. В зобике специальный клапан оставляет немного нектара сборщице, а всё остальное — в гнездо. На цветке шмели оставляют пахучую метку: тут уже собрали. Усики шмеля одновременно служат органами обоняния, вкуса, осязания, а также спидометрами и навигаторами. Но не только зрительно и по запаху шмели узнают цветы, богатые нектаром. Такие цветы заряжены отрицательно. Волоски на голове шмеля реагируют на электрическое поле, а после того как нектар выпит, заряд цветка меняется. Вирусы, заражающие растения, способны менять вкус нектара так, что он начинает казаться шмелям исключительно соблазнительным. В итоге они посещают заражённые растения чаще, вирус разносится, опыление улучшается, и растения с вирусом образуют больше семян. Шмель вцепляется челюстями в цветок и начинает жужжать. Тычинки трясутся и обильно посыпают шмеля пыльцой. Действие называется «опыление жужжанием». На волосатых шмелей пыльцы налипает много, они счищают её в специальную корзиночку на задней лапке. У шмелей-кукушек корзиночек нет, за них другие пыльцу собирают. Частоты жужжания у шмелей разные для разных случаев. Шмели следят, сколько запасов еды осталось, и, если мало, начинают вылетать чаще. Температура выше 90 °F (32 °C) вызывает замедление полёта. Шмели хорошо приспособлены к низким температурам 45 °F (7 °C). Они эффективно разогревают тело, сокращая грудные мышцы. Когда шмели чувствуют, что заболели или паразиты их заели, они начинают посещать цветки, нектар которых богат никотином или лекарственными молекулами. Пестициды плохо влияют на шмелей. У них ухудшается память, и им на сбор пыльцы и нектара требуется больше времени. Оказывается, некоторые шмели весьма изобретательны. 2 % шмелей соображают, как лапкой дёрнуть за верёвочку, чтобы подтянуть поближе привязанный к ней цветок со сладким сиропом. Только увидев, что придумали другие, 60 % шмелей способны повторить то же самое, а также обучить этому умению новый выводок, который сможет передать навык и знание последующим поколениям. Всё вышеописанное вообще-то называется культурой. Наверное, и человеческая культура зависит как от первых гениальных 2 %, так и от тех 60 %, которые понимают, сохраняют и передают.

К осени появляются трутни и новые матки. Трутни покидают гнездо и всячески стараются пометить окрестности своим запахом: вдруг она прилетит? Некоторые толпой собираются у гнезда, где ожидается выход девственной королевы, а там как сложится. Везёт одному из семи. Старая матка и рабочие погибают. Оплодотворённая молодая матка улетает далеко от родного гнезда, забивается в щель и зимует. В её теле синтезируется антифриз — глицерин, чтобы лёд не образовался. В тёплых краях матка сразу ищет место для гнезда, например, мышиную нору. Шмели гораздо более успешные опылители, чем пчёлы. Люди, зная, как результативно шмели увеличивают урожай, иногда предлагают матке готовый бомбидарий в виде коробки с летком. Первым делом матка строит несколько ячеек, которые сама заполняет: одни нектаром, другие пыльцой — и откладывает яйца. Затем она их насиживает, нагревая своё тело до 86°F (30 °C) вибрацией мышц. Рождается новое поколение рабочих, они принимаются строить ячейки, приносить нектар и пыльцу, кормить личинок, и «всё опять повторится сначала».

Жужжание шмелей привлекло не только Римского-Корсакова. Дж. Роулинг назвала директора Хогвартса Дамблдором. В староанглийском «дамблдор» означало «шмель». Автор книг о Гарри Поттере объяснила, что Дамблдор всё время жужжит себе под нос музыку. Уж не «Полёт ли шмеля»?

РАКУШКА, КОТОРАЯ ПЛЫВЁТ

Экзотические раковины собирают, ими восхищаются, и как-то в голову не приходит, что у их хозяев, живых моллюсков, своя, с нашей точки зрения, необычная жизнь. Морской гребешок — *scallop* по-английски — напоминает гребень. Слово *scallop* произошло от почти родного *escalope*, что в старофранцузском языке означало раковину. Морские гребешки принадлежат к двустворчатым моллюскам, которые фильтруют морскую воду. Что нравится — съедают, что не по вкусу — обволакивают слизью и выкидывают. В Природе ничего не пропадает, и в моллюсках зачастую обитают крабы, мелкие рыбки, другие моллюски, которые этими отходами питаются. Нервная система у гребешков очень хорошо развита. Маленькие тонкие щупальца по краю мантии — складки тела — невероятно чувствительны. Внутри каждого щупальца проходит мышца и нерв. По-видимому, это орган обоняния, вкуса и осязания. У основания щупалец по окружности раковины сидят круглые голубые глаза. Они дают обзор в 360°. Глаз может насчитываться хоть сто, они теряются и снова отрастают, а выглядят почти как человеческие. В каждом глазу имеется хрусталик, только свет преломляет не он, а зеркальный слой на сетчатке. Это позволяет, правда, без излишних деталей, хорошо реагировать на движение, а также видеть в темноте. Гребешками ведь многие полакомиться хотят. Считается, что раковины лежат, предпочитая спокойно пребывать на дне, и иногда моллюски ползают. Не так всё просто, гребешки умеют плавать. Если подкрадывается морская звезда, гребешок раскрывает и затем резко захлопывает створки раковины. Мускул замыкатель у гребешка мощный. Струя воды поднимает моллюска вверх, а дальше: створочками «машет бяк-бяк-бяк-бяк», набирая и выталкивая воду, гребешок плывёт зигзагами. Как будто перемещается открывающийся рот, обрамлённый голубыми глазами и усиками-щупальцами. Ребра на раковине улучшают гидродинамику. На раковинах норовят поселиться губки и морские жёлуди. Они полезны для маскировки, но плавать, конечно, тяжелее. После за-

*Моллюск лима,
электрический
гребешок.
Видно голубое
мерцание*

плыва требуется продолжительный отдых. Гребешки проплывают до 5 метров. Говорят, иногда гребешками овладевает «беспокойство, охота к перемене мест», и они сообща куда-то удаляются. Плавают не только гребешки, но и моллюски лимы. У лимы щупальца длинные, вид у неё фантастический. Крылатую лиму называют моллюском-дискотекой или электрическим мигающим морским гребешком. Кажется, что на створках раковины между оранжевыми щупальцами сверкает голубой электрический разряд. Трудно представить, но на самом деле это вспышки отражённого света. В клетках на концах мантии у моллюска-дискотеки расположен слой кремниевых нано-шариков. Они отражают свет как зеркальный шар на дискотеке. Зачем такое моллюску? Возможно, это отпугивает врагов, а с другой стороны, сигнализирует своим: мы здесь. Лимы часто собираются вместе.

Во время сезона размножения яйцеклетки и сперматозоиды просто выпускаются в воду, где и происходит оплодотворение. Самка гребешка способна произвести сразу несколько сот миллионов икринок. Из оплодотворённой икры раз-

*Раковины разных видов
гребешков на побережье
Мексиканского залива*

виваются крошечные личинки. Они сперва плавают, затем садятся на дно и временно прилепляются прочными нитями, а когда подрастают, отделяются. Гребешки живут до 20 лет. Возраст можно определить по годовым кольцам, как у деревьев. В северных широтах моллюски растут медленно, зато живут дольше, чем на юге. В тёплых морях они созревают и начинают размножаться раньше. Поколения, соответственно, тоже чаще меняются. Возможно, благодаря этому эволюция успевает сформировать больше разнообразных организмов.

Увлечение ракушками приводит порой к неожиданным результатам. В 19 веке Маркус Самюэль, вылавливая морские раковины для продажи коллекционерам, понял ценность горючего и переключился на нефть. В результате гребешок украшает логотип компании «Шелл». Сперва рисовали мидию, но гребешок выглядит гораздо эффектнее. С незапамятных времён двустворчатые моллюски символизировали женское начало. Недаром у Боттичелли Венера стоит на раковине гребешка. Некоторых двустворчатых моллюсков так и назвали — *Venus*, по-русски — венерки. Таким образом, на пляжах Флориды одновременно можно встретить Венеру и найти много венерок. Латынь звучит красиво, хотя и не всегда понятно. Если начать все названия животных переводить с латинского, то ход мыслей зоологов порой... Ну, например, некоторых необычайно красивых, будто художником расписанных венерок назвали *Meretrix*, что в Древнем Риме означало проститутку с лицензией. Размолотые раковины принимали как афродизиак, вещество, стимулирующее влечение. Однако не всегда двустворчатые моллюски ассоциировались с сексом. Паломники в Сантьяго-де-Кампостела несли раковины гребешков, которые по пути использовали как ложки, блюдца и кружки.

Преображенская церковь
над Святыми воротами
Новодевичьего монастыря 17 век.
Лепной элемент в виде раковин

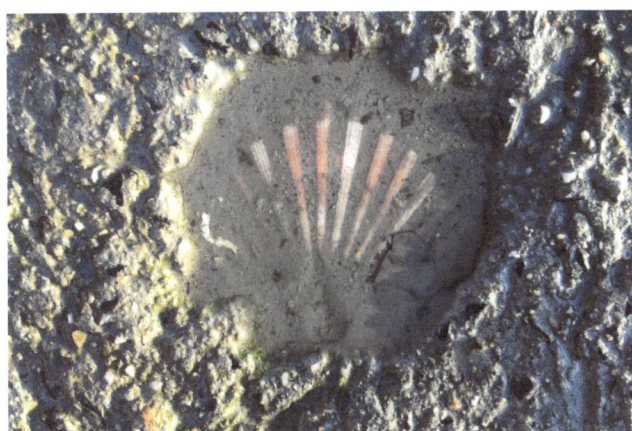

Раковина гребешка в лестнице
в аббатстве Мон-Сен-Мишель

Раковины нашивали и на одежду. Архитектор Алевиз Новый в 1505 году привёз в Московское Княжество элемент декоративного орнамента, широко использовавшийся в итальянском Возрождении. Он украсил белокаменными резными раковинами стены Архангельского собора Московского Кремля. С тех пор раковины гребешков поселились и в русской архитектуре. Танцовщицы фламенко утверждают, что первые кастаньеты изготовляли из раковин гребешков. Гребешки популярны в геральдике. Их изображение присутствует, например, на гербах принцессы Дианы и Уинстона Черчилля, на гербе последнего гребешков сразу шесть. Раковина, укрывающая моллюска, символизирует защиту от ударов судьбы.

КРЫЛАТКА-ЗЕБРА

Крылатка-зебра — это совсем не зебра с крыльями наподобие Пегаса, а рыба. Появилась она у восточных берегов Америки недавно. Первую рыбу-зебру в коричневую и белую полоску заметили у Дания Бич в 1985 году. Началось с того, что крылаток привозили во флоридские зоомагазины из Тихого и Индийского океанов. Их содержание требует определённого опыта, и в итоге, как показал генетический анализ, крылаток неоднократно выбрасывали в разных местах Флориды. Свою лепту внёс ураган Эндрью, разбивший аквариумы домов на берегу. Крылатки стали попадаться всё чаще и чаще, а к началу 2000 года уже прочно обосновались у западного побережья Атлантического океана. Их обнаружили даже у Лонг Айленда. Крылатки выдерживают температуру воды до 10 °C (50°F), правда, аппетит приходит к ним в воде потеплее, после 16 °C (61°F). Недавно крылатки объявились в Средиземном море. Они проникли сюда самостоятельно через Суэцкий канал вместе с более чем 300 другими видами. Такое массовое вторжение из Красного моря, где количество пищи меньше, чем в Средиземном, красноречиво называется Эритрейская миграция (Лессепская миграция, по имени руководителя строительства Суэцкого канала).

Крылатка не летает, просто грудные плавники у рыбы-зебры длинные и широкие, как крылья. Они разделены на лентовидные полоски, лучи, которые выглядят как грива льва, отсюда английское название *lionfish*. Многие лучи снабжены острыми иглами, в основании которых расположены резервуары с ядом. Крылатки принадлежат к скорпенообразным, получившим своё название от скорпиона. В отличие от скорпиона с одним жалом, ядовитых игл у скорпен много. Яд вызывает сильную боль и паралич мышц, включая дыхательные. Крылатка плавает медленно, и окраска у неё яркая. Она уверена в том, что все знают, какая она опасная, хотя там, откуда крылатка родом, её поедают акулы и груперы, да и люди на неё охотятся. Попав на новое место, крылатка в отсутствии врагов расплодилась и стала наносить весьма заметный ущерб обитателям кораллового рифа. Оказалось, что рыбы, столкнувшись с ней впервые, далеко не всегда распознают в крылатке врага. Способ охоты крылатки местным кажется необычным. В сумерках она веером раскрывает свои плавники-крылья и бесшумно надвигается на намеченную жертву. Загнав добычу в угол, крылатка всасывает её за доли секунды широко открытым ртом. Тихо,

Крылатка

ни всплеска, стайка рыб даже не замечает, что один из них пропал. Ненасытная крылатка продолжает, пока всё, что можно, не проглотит, ведь её желудок может растянуться в 30 раз. К сожалению, таким образом крылатка уничтожает до 80 % обитателей кораллового рифа. Целые виды исчезают. Иногда крылатки тралят своими широко расставленными грудными плавниками-крыльями грунт и вспугивают зарывшихся в него животных. При встрече на охоте со своими крылатки угрожающе поднимают опасные плавники и удаляются в разные стороны.

Ситуация сложилась критическая. Национальное управление океанических и атмосферных явлений США, NOAA, решило как-то вмешаться. Логичным казалось найти тех, кто крылатку станет есть. Начали с акул, которые на родине крылатки охотно её заглатывают. Известно, что кулинарные предпочтения в разных частях земного шара разные, и менять их очень нелегко. То, что любили азиатские акулы, совсем не вдохновляло американских. Начали дрессировать, и в итоге западно-атлантические акулы согласились есть крылатку. Одновременно акулы ещё сильнее укрепились во мнении, что источник пищи — человек. Подобный способ сочли опасным. NOAA пошло другим путём: вспомнив, что самый страшный враг всего живого — люди, чиновники принялись обучать новый объект — шеф-поваров. Яд содержится только в плавниках, а мясо нежное, напоминает групера. Крылатку принялись расхваливать на все лады и прилагать разнообразные соблазнительные рецепты. Даже охотиться на неё разрешили в заповедных зонах, где вылов любой рыбы строго запрещён, а также учредили ежегодные всефлоридские соревнования по лову крылаток, которые достигают веса 1,3 килограмма (2,9 фунта). Но всех не переловить. К сожалению, самых крупных и плодовитых крылаток обнаружили на глубине около 100 метров в грузовом судне «Билли Бойд». В 1986 году его затопили у побережья Форта Лодердейл, чтобы создать основу для кораллового рифа. Аквалангисты могут попасть туда только с помощью катера. Крылаткам там раздолье.

Крылатки в сезон любви собираются группами, самец и несколько самок. Мужики за прекрасный пол сражаются. Страшны они в гневе: темнеют и вцепляются друг другу в морду. Побеждает сильнейший. Самка, готовая к размножению, наоборот, светлеет, и под глазами у неё пролегает серебряная полоска. Это серебро его и привлекает. Самец выбирает только тех, кто серебрится в сумерках, остальных не замечает. Каждые 4 дня самка способна производить от 2 до 15 тысяч икринок, за год до 2 миллионов набегает. Икринки упакованы в слизь. Эту слизь охотно съедают микроорганизмы, живущие в морской воде, что способствует высвобождению молоди из икры. Мальки появляются на свет уже с шипами. Через год они готовы к размножению.

Кроме поваров, крылаток, несмотря на ядовитые иглы, интенсивно вылавливают для морских аквариумов, где их, само собой разумеется, надо кормить, чтобы не пришлось вскоре выпускать в близлежащий океан. А что продают в качестве корма? Золотых рыбок. Тут почти как у А. Пушкина оказалось, что излишнее увлечение золотыми рыбками до добра не доводит. Старик в общем-то правильно делал, что каждый раз отпускал золотую рыбку. Она на жалость давила и не сообщала, что диета из золотых рыбок, во-первых, ведёт к ожирению, а во-вторых, приводит к потере координации работы нервной системы, что очень опасно. В водах Флориды обнаруживается пока два вида крылаток из известных 15: крылатка-зебра, иначе рыба-зебра, и индийская крылатка, она же крылатка-воин. Все виды крылаток очень красивы и экзотичны.

«КУРЫ, МОИ КУРОЧКИ, ДВОРУ ВЫ УКРАШЕНИЕ»

Так обратилась Василиса Премудрая к избушке на курьих ножках в пьесе Е. Шварца «Два клёна». Давным-давно на заболоченных местах срубы ставились на пни с корнями. Баба-яга превратила пни в куриные ноги. Она знала, что делала: куры — очень сообразительные птицы. Ну кто же слушает Бабу-ягу? «Курица не птица...», далее по тексту прочно сидит в умах даже у биологов, а напрасно. Куры вдобавок самые красивые домашние птицы. Правильно Василиса им пела: «Не орлицы ли, не жар-птицы ли, / Не царицы ли заморские в курятнике живут?» Да, заморские. Предки кур — джунглевые куры — обитают в лесах Юго-Восточной Азии. В тех местах их, по-видимому, и одомашнили 5—8 тысяч лет назад. В 15 веке до нашей эры куры попали в зверинец фараона Тутмоса III. Упоминания о курах в Европе появляются в 3—7 веках до нашей эры. Сказки, сложенные в то время, рассказывали, как бедный сын мельника пришёл в королевство, где не знали про будильник, и за петуха ему вручили королевскую дочь, не спросив её мнения, между прочим. Что было раньше — яйцо или... драка? В Древней Греции воинам для укрепления боевого духа показывали петушиные бои. Не исключено, что сперва увлеклись петушиными боями и лишь потом поняли всю ценность этой птицы. А может, «раньше всё было»?

Куры очень общительные. Каждая курица индивидуальность, и характеры у всех разные. Птицы узнают друг друга не только при встрече, но и на цветных фотографиях. Куры живут стаями, где строго соблюдается иерархия. Клевать они начинают по порядку согласно своему положению. Первым кукарекает, объявляя рассвет, доминантный петух, лишь потом начинают отзываться остальные в строгом соответствии с табелем о рангах. Петухи не смеют знакомой курице кукарекнуть в присутствии главного. Если же он поблизости, но не видит, приходится выражать свои чувства к даме молча, одними телодвижениями. Вообще не принято кукарекать в присутствии начальства. Петухи известны своей галантностью. Найдя еду, они особым криком созывают кур. Иногда берут зерно в клюв и роняют его, так понятнее, что клевать зовут. Встречаются петухи обманщики, они призывают кур, когда корма нет. Правда, куры быстро соображают, что к чему, и пройдохам не верят. Зрение у кур острое, они различают больше цветов, чем человек, например, видят ультрафиолет. Они также слышат звуки в широком диапазоне, включая инфразвуки, которые в лесу, откуда куры родом, распространяются лучше. Клюв невероятно чувствительный, там множество нервных окончаний. Куры, случается, подкидывают свои яйца как заправские кукушки, а с другой стороны, таскают чужие для насиживания. Куры-несушки обычно только откладывают яйца, тогда как куры-наседки яйца терпеливо высиживают, зачастую не отходя поклевать. Яйца всё время приходится переворачивать, иначе цыплёнок внутри прилипнет к скорлупе. Птенцы вылупляются через три недели. Наседки затем в течение нескольких недель их охраняют и учат искать еду. Живут куры 5—10 лет. Рекорд принадлежит курице, которая дожила до 16 лет.

Понятно, что кур интенсивно изучали, но, когда обнаружилось, что у кур отличная память, почему-то все очень удивились. Действительно, размер куриного мозга невелик, однако нервных клеток очень много, просто они более плотно упакованы, чем у млекопитающих. Мозг домашних кур на 15 % больше, чем мозг джунглевых кур. Постоянное присутствие человека,

возможно, сказалось. Цыплята легко обучаются, стараясь перенять опыт в основном у вышестоящих, даже когда нижестоящие делают это лучше. Знакомо… Куры между собой переговариваются, у них насчитывается не менее 24 разнообразных звуков, да ещё язык жестов. В частности, коршуна обозначает один звук, а енота — другой: прятаться-то по-разному следует. Петухи при виде кур издают сигналы тревоги чаще. «Стала курица считать / Маленьких цыпляток: / Жёлтых пять / И чёрных пять, / А всего десяток» (С. Маршак). Маленькие цыплятки тем временем и сами умеют считать и, похоже, складывать. Выяснилось, что куры обладают самоконтролем. Они отказываются от маленькой сиюминутной выгоды, если впереди ожидается более крупное вознаграждение. «Ну как не порадеть родному?..», и петухи закрывают глаза на недопустимое поведение родственников. У кур наблюдается и логическое мышление, здравый смысл, иными словами: не лезь на рожон, коли чужак победил птицу сильнее тебя. Люди принимают решения, основываясь как на рассудке, так и на эмоциях, куры, естественно, тоже, ведь вся информация, идущая в мозг от органов чувств, проходит через центр эмоций. Интересно, что эмоции у живых существ зачастую заразительны. Наседка, как известно, за своих цыплят переживает, но потребовалось много тысячелетий совместного сосуществования, чтобы наконец разглядели в курах способность к сочувствию.

Выведены самые разнообразные породы кур. Некоторые несут не золотые, а голубые яйца. В их скорлупе содержится зеленовато-голубоватый желчный пигмент. Говорят,

Дикие куры на улицах Ки-Уэст

такие яйца очень вкусные. Генетический анализ показал, что приблизительно 500 лет назад ряд признаков у кур в Европе изменился. В лапах многих современных кур накапливается каротин, и они жёлтые в отличие от курьих ножек избушки Бабы-яги. Увеличение размеров тела бройлерных кур отчасти связано с изменением работы щитовидной железы. Тем не менее куры легко привыкают к жизни на воле. Одичавшие куры встречаются во многих местах Флориды, включая Ки-Уэст, где они теперь стали достопримечательностью. «Расступайся народ: / Куры вышли из ворот». Не всем куры на улице нравятся. На расплодившихся бесхозных кур сыплются жалобы. По статистике, чаще протестуют молодожёны, которых, очевидно, петухи будят слишком рано. Власти часть кур отлавливают и отсылают склёвывать насекомых на фермы в центре Флориды, где выращивают органические овощи. К. Чуковский писал: «Курица-красавица у меня жила. / Ах, какая умная курица была!» С такой оценкой нельзя не согласиться.

УСАТЫЕ ПАЛЬЦЫ

Колумб открыл Америку и енота. Правда, индейцы уже тысячи лет знали и то, и другое. Они назвали енота аругкун — тот, кто трёт, отсюда и произошло слово *raccoon*. В 18 веке Линней классифицировал енота как ближайшего родственника медведя, с тех пор в немецком и итальянском языках остался «медведь-прачка». Русское слово «енот» обязано своим происхождением зоологической ошибке. В 19 веке енота спутали с генеттой, небольшим, похожим на кошку африканским хищником с полосатым хвостом. Родина енотов — Америка, но в 20 веке их завезли в СССР, Германию и Японию, где они прижились. На севере они крупнее, наибольший потянул на 62 фунта (28 кг), так легче сохранить тепло. Самые маленькие еноты весом около 4 фунтов (1,8 кг) обитают на Флорида Киз. Еноты хорошо плавают, бегают со скоростью до 15 миль (24 км)/час. Они прекрасно видят ночью. Глазное

Глаза енота светятся отраженным от вспышки светом

дно енота для улучшения ночного зрения выстлано зеркальным слоем, и глаза светятся жёлто-зелёным отражённым светом. Зачем на мордочке у енота чёрная маска? Считается, что тёмная шерсть поглощает свет и дополнительные блики, делая зрение ещё острее. Форма маски, как и полоски на хвосте, у каждого енота уникальны. Слух у енота отличный, гораздо лучше, чем, например, у собак. Еноты слышат даже как черви под землёй ползают. Органов обоняния у енотов два. Один из них — орган Якобсона — позволяет различать запахи родства, возраста и сексуального настроения. Однако из всех чувств для енота важнейшим является осязание. На тонких длинных пальцах присутствуют вибриссы, чувствительные усики. Кончики пальцев у людей ощущают боль, вибрацию, зуд, легкое и сильное давление, температуру, растяжение. У енота, кроме всего этого, имеются иные специализированные нервные окончания, какую информацию они передают, пока неясно. У енотов две системы охлаждения — потовые железы и учащенное дыхание. Задние лапы поворачиваются на 180°, что помогает ловко лазить по деревьям. Еноты всеядны, но предпочитают находиться поблизости от водоёмов, где они проворно хватают рыб, лягушек и насекомых. Еноты едят орехи, фрукты и ягоды, таскают яйца и птенцов. Интересно, что во Флориде птицы нашли своеобразный способ защиты от енотов. Они устраивают гнездовья там, где под деревьями много аллигаторов: еноты не полезут. Аллигаторам тоже выгодно, птенцы изредка падают, и аллигаторы под гнёздами обычно потолще.

Откуда у енотов тяга полоскать? Похоже, что они не моют, а просто отделяют съедобную часть. Во всяком случае, когда им давали земляных червей, заведомо более грязных, чем рыбы, еноты далеко не всегда опускали их в воду. Зачастую енот-полоскун ничего не трёт, а просто смачивает лапы. Под водой кожа усатых пальцев размягчается и делается ещё чувствительнее. Известно, что, если долго руки держать в воде, кожа на пальцах становится морщинистой, что помогает лучше удерживать скользкие предметы. Возможно, у енота происходит нечто похожее. Привычку енотов тереть под водой использовали дрессировщики. В «Уголке Дурова» много лет пользуются успехом еноты-«прачки».

Еноты справляют нужду в строго определённых местах, которые устраиваются на деревьях, на камнях, на чердаках, в гаражах. Общественные отхожие места существуют у многих животных: от муравьёв до носорогов. Енотам туалеты необходимы для контактов и новостей. По запахам они узнают, кто, когда и в каком состоянии тут облегчился. Люди различают запахи гораздо хуже енотов и, очевидно, поэтому на стенах туалетов пишут и рисуют. Тоже своеобразные сообщения: «А что вы нам писали, что вы нам рисовали, товарищи?»

Самка приносит от двух до пяти детёнышей и выкармливает их в строгом уединении. Самцы запросто могут детёнышей съесть, чтобы спариться с самкой. В остальных случаях еноты друг с другом общаются. Для разговора у них насчитывается не менее 50 разнообразных звуков. Еноты весьма сообразительны. Зоологи изучали их в самом начале 20 века и назвали хитрыми и умными. Потом в науке возобладало мнение, что животные движимы только примитивными рефлексами и не думают. А ведь сам Павлов никогда ничего подобного не утверждал, и вообще-то для павловских рефлексов совсем немного клеток мозга требуется. Что поделать, рьяные последователи всячески стараются основоположников под свои идеи приспособить. Когда наконец с догмами разобрались, поведением енотов заниматься не стали, статьи о них в основном повествуют о глистах и инфекциях. А ведь еноты по своим способностям к обучению сравнимы с приматами. Еноты и запоминают быстро, и помнят долго. Своими хваткими усатыми пальцами еноты отворяют двери с круглыми ручками, открывают самые разные задвижки, защёлки, помойные баки, молнии на палатках, развязывают узлы. Человек, как следует из истории, узел попросту разрубает — распутывать-то сложнее. Еноты, оценив выгоды, поселились в городах, где им пришлось уплотниться. На единицу площади в городах приходится в 20 раз больше енотов, чем за городом. Зато в городе они на 10—20 % увесистее своих деревенских собратьев и гораздо сообразительнее. Похоже, цивилизация пошла им на пользу. Для стирки еноты используют фонтаны и бассейны. В 1920-х годах енот официально проживал в Белом Доме. Его прислали президенту Кулиджу в качестве дичи на стол ко Дню Благодарения. Индейка тогда ещё не воцарилась абсолютно. Президент енота помиловал и назвал Ребекка. Жена президента гуляла с ней на поводке. Правда, хозяев приручённые еноты совершенно не слушаются, поступают по-своему. В неволе еноты живут до 20 лет, на воле 2—3 года. В мифологии индейцев енот — плут со сверхъестественными способностями.

Еноты

ПЕСНИ О ГЛАВНОМ

«**И** любят песню деревни и села, / И любят песню большие города». Многие живые существа поют: насекомые, сороконожки, рыбы, лягушки, птицы, млекопитающие, «крокодилы, бегемоты, обезьяны, кашалоты и зелёный попугай». Почему? Чем песня отличается от крика или разговора? Песня обладает определённой структурой, мелодичные фразы повторяются в заданном порядке. Для пения находятся разные поводы. «Любовь питают музыкой», — говорит герцог в «Двенадцатой ночи» Шекспира, и он прав. Даже некоторые тараканы поют. Мы слышим это как шипение, но тараканихе, похоже, нравится. От иных песен самки буквально валятся. Самец бабочки огнёвки копирует ультразвуки охотящейся летучей мыши. Заслышав приближение врага, самка складывает крылья и падает, а он тут как тут. Летучая мышь для обольщения своей пассии поёт совсем другие песни. Чем сложнее и интереснее песня, тем больше женских сердец она растопит. Крысы и мыши поют. Унюхав самку, самец мыши начинает выводить довольно сложную мелодию в ультразвуковом диапазоне. Когда он наконец видит предмет воздыхания, мотивчик значительно упрощается — чего теперь стараться-то? Если даму удалось увлечь, она отвечает, и оба поют дуэтом. Интересно, что от любимого мышат рождается больше, и они здоровее. В брачный сезон поют киты: «Этот стон у нас песней зовётся». Песни китов слышны за тысячи километров. Мелодии с годами меняются. В разных концах океана киты поют обычно разное. Тем не менее бывает, что один вариант вдруг сразу захватывает сердца, и тогда его повсюду исполняют. Содержание брачных песен у всех живых существ одинаково: «Приди, приди, желанный друг», «Ты взгляни на меня / Хоть один только раз». Песня, как известно, состоит не только из вокала, в ход идут и инструменты, например, ударные и стрекотание. Пословица гласит: «Спела бы рыбка, да голоса нет». Для любви, однако, голос всегда обретается. Многие рыбы поют. Морские коньки стрекочут костяными пластинками на голове. Груперы, рыбы-жабы и рыбы-барабанщики поют, сокращая плавательный пузырь, в результате громко получается. Птицы, кстати, не всегда поют. Аисты щёлкают клювами, как кастаньетами, дятлы исполняют соло на ударных, простите, на стволах. Чёрный какаду берёт палочку и стучит о полое дерево. Используются и перья. Бекас в полёте трещит хвостовыми перьями. Павлин трясёт хвостом,

производя мощный инфразвук. Мы его не слышим, но он хорошо распространяется через листву и впечатляет не только самок, но и соперников. Такт не возбраняется отбивать и клювом, и крыльями, и ногами.

Птицы и млекопитающие поют по-разному. У птиц нет гортани и голосовых связок. Звук возникает при вибрации мембран в основании трахеи. Соловьиху баснями не кормят, просто виртуозность отражает качество певца и, в первую очередь, отличное здоровье: «Какой хороший я и песенка моя». Чтобы песенка вышла действительно завлекательной, требуется большая работа. Учёба проходит в два этапа. Сперва птенец слушает отца, который специально для такого случая поёт медленнее. Затем сын долго упражняется, повторяя то, что запомнил десятки, а то и сотни тысяч раз, пока его песня не сравняется с отцовской. Вначале получается типичное младенческое бормотание, потом всё лучше и лучше. У большинства птиц с возрастом способность обучаться пению пропадает, меньшинство — канарейки, пересмешники, попугаи — воспринимают новое всю жизнь. А если ни отца, ни, на худой случай, поющего соседа поблизости не оказалось? Молодая птица пропоёт простенькую песенку, да мало кого она прельстит. Основа песни определяется генетически, но одних генов недостаточно, к ним добавляется обучение, передача традиции предыдущих поколений.

У человека имеется «ген речи» (FOXP2), который обнаружили в одной многочисленной семье. Благодаря распространённому в некоторых странах обычаю выдавать замуж и женить всех, невзирая, выявилось сразу много носителей этой мутации. Браки по договорённости ведь встречаются только у людей, в Природе негодное неизбежно отсеивается. Каждый сам выбирать должен. Обладатели дефектного гена неспособны к членораздельной речи, не могут управлять мышцами, участвующими в произношении слов, и испытывают трудности со спряжениями, а также родом и числом существительных. Тот же самый ген нашли и у певчих птиц. Самцы с мутантным геном песню заучивали, но вывести правильную ноту в присутствии самки им не удавалось. Нормальный человеческий ген речи встроили в геном мышей, и они стали пищать побасистее и обучаться быстрее. Кстати, низкий тембр безумно нравится женщинам. Возможно, именно поэтому у мужчин такие голоса — они привлекают противоположный пол. Птицы в основном поют во время брачного периода, для определения границ своей территории и во избежание ненужных драк. Когда слышится песня молодого нахала (воробей в расцвете лет не дерётся), песня опытного певца уже демонстрирует явное превосходство. Качество песни вполне убеждает соперника. У 70 % видов прекрасный пол в свою очередь тоже поёт, просто раньше как-то не принимали это во внимание. Поют сложившиеся семейные пары, например обезьяны гиббоны. По песне можно определить, из какой местности гиббоны родом. Пара журавлей исполняет дуэт, очерчивающий границы владений и одновременно укрепляющий семью. Если он хорошо поёт, волшебная сила искусства увеличивает размер откладываемых яиц.

У людей песня всегда выражает эмоции. В богатом русском языке существует и другой способ их выражения, который приравнивают к искусству, но об этом не стоит... При пении активируется бо́льшая часть мозга, чем при разговоре. Песни прочно сидят в голове. Птичье пение успокаивает и недаром так легко вплетается в музыку. Они одного корня. Кроме любви песня помогает в работе: «Эй, ухнем». Почему «нам песня строить и жить помогает», «легко на сердце от песни весёлой», «хорошо в пути, если с песней идти»? Оказалось, что при пении образуется гормон хорошего настроения — эндорфин. Начинает вдобавок синтезироваться окситоцин. Это вещество, вырабатываемое нервными клетками, часто называют «гормоном любви». Окситоцин укрепляет верность супругов, любовь к ребёнку и хорошие отношения внутри группы людей. Давно замечено, что у тех, кто поёт, здоровье лучше, да и живут они дольше.

КНИЖНЫЙ ЧЕРВЬ

Книжных червей, любителей книг, как известно, на свете много, в том числе несколько видов насекомых. От них, собственно, пошло выражение книжный червь. К книжным червям принадлежит и чешуйница. Это одно из самых древних насекомых, появившееся около 400 миллионов лет назад. Внешне чешуйницы напоминают сороконожек, хотя обладают всего тремя парами ног. Тем не менее чешуйницы, извиваясь для большей устойчивости, легко удирают от сороконожек со всем их множеством ног. Подобное вихляние выглядит как движения рыб, по-английски чешуйница именуется *silverfish*. Чешуйница как рыба покрыта чешуйками, отсюда и русское название. В длину чешуйницы не превышают 2 сантиметров. На голове расположены усики-антенны и очень близорукие глаза. Чешуйницы избегают света, стараются поскорее спрятаться. Они активны по ночам. По бокам тела расположены чувствительные волоски. На конце брюшка три длинные нити, это, как и антенны, органы чувств. Крыльев у чешуйниц нет. Полёт Природа изобрела позднее. Только пять видов чешуйниц живут в домах. Они любят собираться вместе в укрытиях. Места сбора чешуйницы метят специальным запахом, чтобы своих легче находить. Чешуйницы едят домашнюю пыль, которая в основном состоит из сухих клеток нашей кожи, а каждый час мы теряем 200 миллионов поверхностных клеток. Поглощают чешуйницы вещи, на первый взгляд, совершенно несъедобные: картон, обойный клей, зубную пасту, ткани, особенно крахмал в ткани, кожаные переплёты и бумагу, поэтому книжных червей находят зарывшимися в книги. Чешуйницы очень устойчивы к ядам. Переварить всё вышеупомянутое чешуйницам помогают бактерии и грибки в пищеварительном тракте. Целлюлозу они расщепляют на сахара, которые легко усваиваются. В природе чешуйницы питаются остатками растений и животных, что содействует образованию компоста. Если находится вода, чешуйницы умудряются просуществовать до 300 дней вообще без еды.

Брачная церемония у книжных червей удивительная и начинается со знакомства. Всё происходит не вдруг. Сперва чешуйницы касаются друг друга чувствительными антеннами, отступают, снова сходятся, не то целуясь, не то пробуя друг друга на вкус. Многие так поступают. Возможно, поцелуи влюблённых служат именно для этого. Ведь по статистике после первого поцелуя 59 % мужчин и 67 % женщин отношения прекращают. Говорят, что между ними «не возникло химии», может статься и так. Предполагают, что при поцелуе подсознательно оцениваются гены иммунной системы. Чем сильнее

Чешуйница

они разнятся, тем более привлекательным кажется партнёр, тем лучше будет иммунитет у предполагаемого потомства. При поцелуе происходит также интенсивный обмен микроорганизмами, каждый раз до 80 миллионов бактерий переходит. Но вернёмся к чешуйницам. Если они друг другу понравились, самец плетёт шёлковые нити и прикрепляет их к стене и к полу. Поэт тут наверняка бы заметил, что он её ловит в шёлковые сети любви. На самом деле кавалер просто не позволяет даме сбиться с пути, задаёт нитями направление. Он в самом конце этих шелков отложил пакет со спермой и теперь подталкивает самку к заветному месту. Правда, некоторые чешуйницы обходятся без возлюбленного и размножаются без оплодотворения. Через какое-то время она откладывает яйца, из которых выходят маленькие чешуйницы, на вид совсем как взрослые. Они линяют и растут. Живут чешуйницы до 8 лет.

Некоторые виды чешуйниц сосуществуют с кочевыми муравьями. Эти муравьи не строят муравейники. Они постоянно пребывают в походе за пропитанием и время от времени останавливаются, чтобы матка отложила новые яйца. На марше чешуйницы либо идут с муравьями, либо едут у них на спинах, перехватывая еду, а размножаться успевают во время бивуачных привалов. Как им такое удаётся? Чешуйницы втираются в доверие к муравьям в буквальном смысле. Они трутся о муравьёв и перенимают их специфический запах. Чтобы пометить себя, муравьи выделяют около 70 разных веществ и размазывают их по телу. Видят муравьи плохо и определяют чужаков нюхом. Чешуйницы на муравьёв совершенно не похожи, но запах превыше всего. Муравьи же не Козьма Прутков, который заметил: «Если на клетке слона прочтёшь надпись «буйвол», не верь глазам своим». Обтираться приходится всё время, иначе запах выветрится и муравьи с нахалками расправятся. Чешуйницы стремятся проникнуть туда, где располагаются муравьиные личинки и куколки, а также только что вышедшие из куколок муравьи. Тереться о юного муравья гораздо безопаснее, да и запах у деток, скорее всего, трогательный. Не исключено, что чешуйницы в придачу имитируют звуки, издаваемые молодью.

Только японское искусство, способное видеть красоту в печали, потёртости и разных изъянах, сумело воспеть чешуйницу. Посвящённая книжному червю хайку «Чешуйница» изящно замечает:

> Читаю старую книгу.
> Между строк — чешуйница.

КВАРТИРНЫЙ ВОПРОС

У кромки воды лежала красивая раковина. Вот повезло! Но в раковине уже кто-то поселился: из неё торчали испуганные красивые серо-зелёные глаза на стебельках. Это рак-отшельник, и раковину бросили обратно в океан. Брюшко у раков-отшельников мягкое, они вынуждены искать укрытие, для чего подбирают подходящую раковину. А если один мусор на дне? Приходится употреблять части шариковых ручек, консервные банки, куски бамбука или пластиковые стаканчики. Современным ракам-отшельникам теперь, как и всем, доводится носить *Made in China*. Раковины моллюсков закручены преимущественно вправо. Тело рака-отшельника повторяет этот изгиб. Однако точного соответствия не получается, и раковину изнутри расширяют и благоустраивают. Внутренний объём увеличивается почти в два раза, заодно раковина становится легче — всю эту штукатурку ведь на себе таскать. Ног у рака-отшельника много — пять пар, но каждая занята своим. Одна клешня первой пары больше, она для защиты и нападения, а кроме того, закрывает вход в раковину. Другая клешня меньше, она хватает добычу и отправляет её в рот. Вторая и третья пары для передвижения, а четвёртая и пятая цепко держатся за раковину. Ничего лишнего. От стресса ноги отваливаются, но потом в благоприятных условиях снова отрастают.

Известно, как важно иметь хорошее жильё. А рак тем временем растёт, линяет. Старый панцирь он съедает: не пропадать же добру и вложенным ресурсам. Во время линьки рак становится настоящим отшельником и прячется. Некоторые даже на месяц в песок зарываются. Помещение подлежит обновлению. Раки-отшельники дом либо находят, либо меняют, либо отвоёвывают. Самый надёжный, испытанный способ — многоступенчатый массовый обмен. Люди тоже им пользуются. Подобный обмен происходит в начале учебного года в университетских кампусах, когда новички заселяются в более тесные и неудобные комнаты. Вообще-то, несмотря на название «отшельник», раки эти довольно общительные,

Раковина с обитателем

и неважно, что каждый таскает свой отдельный домик. Обмен зачастую осуществляется следующим образом. Допустим, рак-отшельник находит хорошую раковину, одна беда: размер велик. В таком случае рак остаётся караулить около находки и порой ждёт несколько часов. Пробегают мимо другие раки-отшельники и останавливаются. В итоге выстраивается живая очередь согласно размеру. Наконец появляется крупный, как раз впору находке рак. Тогда в мгновение ока все согласованно переселяются в раковину большего размера. Иногда, конечно, получается как в игре со стульями «Третий лишний». Кто-то в итоге без раковины остаётся, но большинство меняет по-честному, так что не всех ещё в этом мире испортил квартирный вопрос. Тем не менее временами в коллективе раков-отшельников тяжёлые ситуации возникают, бывает, из домика-раковины вышибают. Характеры-то у всех разные. Происходят и непредвиденные исторические события. На одном из Багамских островов моллюски, раковины которых всегда использовали местные раки-отшельники, вымерли в начале 19 века. Пока ещё синхронный обмен, надо бы сказать — бережливость, спасают. Но исключительно на одном антиквариате всё-таки долго не продержишься. Биологи, опасаясь, что этот вид рака-отшельника в итоге вымрет, недавно завезли на остров нужных моллюсков. Некоторые губки приспособили раков-отшельников, чтобы ездить по дну. Губка садится на раковину и перерастает ее, создавая закрученную полость для рака-отшельника. Правда, раки в Мексиканском заливе всё равно предпочитают раковины и при возможности в них перемещаются. Остаётся губка с правозакрученной пустой полостью. На раковинах раков-отшельников укрепляются актинии. Жгучие клетки актинии защищают рака-отшельника от врагов. Некоторые актинии, поселившись на раковине, начинают синтезировать твёрдое вещество на основе хитина, которое наращивает раковину. Раку не надо искать новый дом, а актиния сохраняет средство транспорта.

Раки-отшельники освоили сушу, где они продолжают дышать жабрами. Раковина им требуется не только для защиты, но и для того, чтобы держать жабры влажными. Жабры уже приспособились к воздуху, и в воде сухопутные раки-отшельники могут утонуть. Лёгкими они не обзавелись. Один вид рака-отшельника, пальмовый вор, иначе — кокосовый краб, прикрывается раковиной, пока молодой. Потом всё тело затвердевает и раковина больше

Рак-отшельник

не нужна. Это самое крупное сухопутное ракообразное, вес которого достигает 4 килограммов, размах ног — 1 метра. Клешнями он вскрывает кокосовые орехи. Сила сжатия клешней уступает лишь силе челюстей аллигатора. Пальмовый вор в состоянии утащить показавшийся съедобным предмет весом до 30 килограммов, отсюда и название.

У рака-отшельника хорошее зрение. Всё тело покрыто чувствительными волосками. Органы обоняния и вкуса располагаются на усиках-антеннах. Кроме того, органы вкуса присутствуют на ногах — как иначе узнать, что ходишь по еде... Рак-отшельник постоянно в раковине, поэтому моча выделяется на голове у основания антенн. Твёрдые отходы пищеварения выпадают в раковину, и рак выпихивает их наружу брюшком. В сезон размножения он передаёт даме сперматофор, и она оплодотворяет до нескольких десятков тысяч икринок, которые месяц носит. Икринки, попав в морскую воду, тут же лопаются. Из них выходят личинки, похожие на маленьких креветок. Сухопутным ракам-отшельникам надлежит идти к морю. Подчиняясь лунному циклу, они ползут довольно шумными толпами. В полосе прибоя выпускают икру в набежавшую волну. Личинки плавают с планктоном и впоследствии ищут свою первую раковину. Живут раки-отшельники в зависимости от вида от 5 до 25 лет, а пальмовый вор — до 70 лет. Раков-отшельников, как морских, так и сухопутных, часто держат дома.

ГУППИ

Ж**ил-был** в середине 19 века на острове Тринидад один натуралист-любитель и не подозревал, что через сто лет его имя во многих странах «назовёт... всяк сущий в них язык». Рыбку гуппи открыли в 1859 году и назвали *Poecilia reticulata*, по латыни — пёстрая, покрытая сеточкой. В Лондон об этой рыбке первым сообщил Роберт Гуппи в 1866 году, с тех пор и повелось... Гуппи неприхотливы и могут жить как в пресной, так и в солёной воде. Поведение этих, казалось, бы самых заурядных рыбок очень интересно, просто раньше не замечали: плавает всякая мелочь. А как пригляделись, обнаружилось неожиданное сходство, понятно с кем.

Гуппи собираются вместе, «чтоб не пропасть поодиночке», так легче спасаться от врагов. Рыбки узнают друг друга, завязывают личные отношения и при появлении хищника предпочитают оставаться с друзьями, а не с незнакомыми гуппи. Угроза нападения только укрепляет их дружеские связи. В стайках всегда находятся отважные разведчики обоих полов. Гуппи, как и многие другие животные, исследуют хищника вблизи. Рискованно, но врага надо знать в лицо. С кем идти в разведку? Только со своими, надёжными, и группы формируются из приятелей или родственников. Если удалось благополучно удрать из-под носа супостата, рыбки каким-то образом сообщают остальным, что делать: спешно прятаться или, наоборот, расслабиться и искать еду неподалёку от хищника, так как враг дремлет и не намерен охотиться. Кроме того, смельчакам всегда благоволят дамы. Гуппи, по-видимому, об-

Эта мелочь

Гуппи. Самцы и самки

ладают зачаточным умением считать на уровне больше-меньше, выбирают стайку побольше, кусочки еды покрупнее. Способности к математике у разных рыбок отличаются, так же как и размер мозга. Башковитые гуппи добывают больше еды и лучше прячутся от хищников. К сожалению, если в одном месте прибыло, то в другом убыло, и иммунитет у шибко умных ослаблен.

Самки гуппи несколько раз в год производят на свет от 1 до 100 совершенно самостоятельных мальков. Пребывание в постоянной опасности влияет на физиологию. Присутствие хищников накладывает отпечаток на работу генов, и там, где жить рискованно, гуппи начинают плодиться чаще и приносят за один раз больше потомства. Если пищи мало, число мальков в приплоде сокращается. Икринки в течение месяца развиваются в самке, поэтому оплодотворение внутреннее. Для этого у самца имеется специальный плавник — гоноподий, что означает «сексуальная нога». В спокойной обстановке преимущество отдаётся тем, у кого гоноподии побольше. Каждая самки любит, чтобы сперва за ней красиво и энергично ухаживали, но, ежели хищников кругом много, он не тратит время на разные шуры-муры, а стремится поскорее и любой ценой, пусть хотя бы насильно, передать свои гены прежде, чем его съедят. В таком случае всё происходит как в кино, когда среди снарядов, врагов и комьев грязи герой быстро получает своё. У гуппи в отличие от кино, даже если он погибнет, она продолжит многократно рождать его детей ещё в течение восьми месяцев. Самкам, ясное дело, поспешность и принуждение не нравятся. Они заводят себе сексапильных компаньонок, которые бы брали на себя приставания докучливых женолюбов, или вообще уплывают туда, где хищников больше, а самцов, соответственно, меньше.

«Мы выбираем, нас выбирают. / Как это часто не совпадает» — поётся в песне. А как выбирают самки гуппи? Сперва надо оглядеться и понять, кто из представителей противоположного пола пользуется популярностью у других. С таким стараются познакомиться поближе, не зря же вокруг него все увиваются. Самцы гуппи в отличие от одноцветных серовато-желтоватых самок окрашены в зелёные, оранжевые, жёлтые, красные, белые, чёрные и голубые тона. Правда, там, где много хищников, они значительно более блеклые. Интенсивность красок говорит о том, что претендент хорошо питался и, несмотря на броские цвета, ловко уворачивался от врагов. Особенно внимательно самки разглядывают оранжевые пятна. Они не должны быть слишком жёлтыми или излишне красными. Правильный оттенок оранжевого связан с качеством генов. Любопытно, что гуппи ценят оригинальных кавалеров с «лица необщим выраженьем», совсем как у Музы Баратынского. Вполне понятно, что яркого самца сразу выделят. Тем не менее, если в аквариум с расписными, как на подбор, красавцами посадить заурядного тусклого самца, благосклонные взоры обратятся именно к нему. Питаются гуппи водорослями и мелкими животными, включая личинок комаров, поэтому их попытались использовать в борьбе с этими насекомыми. Гуппи предлагали запускать в запасы питьевой воды, в местах, где свирепствуют болезни, которые переносят комары, но местное население воспротивилось: лучше нечаянно проглотить незаметную личинку, чем живую рыбку. В целом гуппи проблему не решили, зато расселились по тёплым водоёмам мира, и, кроме того, их стали держать в аквариумах. Сверху аквариум лучше прикрыть, поскольку гуппи нередко выпрыгивают из воды со скоростью 1,2 метра в секунду. Чаще всего полёт заканчивается печально, но в природе бывает, что рыбка долетит до ближайшей лужи, а потом дождь её смоет в ещё необжитой водоём. Гуппи живут 3—5 лет.

Гуппи появились в аквариумах в конце 19 века и быстро завоевали любовь миллионов. Разнообразие расцветок и лёгкость разведения привлекли селекционеров, которые вывели уйму самых разнообразных пород. Проводятся Международные чемпионаты гуппи. Существует множество обществ любителей гуппи. Самое крупное из них *International Fancy Guppy Association*, что на русский язык перевели как Международная ассоциация шоу-гуппи, почему-то постеснялись сказать «фантастических гуппи», что вполне соответствует действительности.

ЛАЮЩАЯ СОБАКА

В кустах на пустыре под окном многоквартирного дома как-то визгливо залаяли собаки. Пёс, всегда живо реагировавший на любую брехню на улице, повёл себя необычно и лаять в ответ не стал. Через пустырь вскоре перебежала поджарая, среднего размера собака: это же койот! В переводе с языка ацтеков «койотль» — «лающая собака». Латинское название *Canis latrans* тоже означает «лающая собака». Койоты весьма разговорчивы, и в их репертуаре множество разнообразных звуков: лай, лай с подвыванием, тявканье, рычание, фырканье, скулёж, повизгивание. Ведь столько всего требуется выразить: тревогу, угрозу, просто разговор, приветствие. Общение между койотами происходит также на языках запахов, поз и прикосновений.

Койоты когда-то обитали только в западной части США. С приходом европейцев численность волков на востоке значительно сократилась и койоты стали занимать освободившиеся территории. В 1970-х годах они достигли севера Флориды и постепенно всю её заселили. Общей численностью койотов никто никогда не интересовался. Похоже, их миллионы и становится всё больше. В своём продвижении койоты встретились с остатками волков и с одичавшими собаками. Неудивительно, что в отсутствии других партнёров произошло скрещивание. В результате у койотов на востоке 25 % генов от волков и 10 % — от собак. Койоты изначально охотились в прериях, волки — в лесах. Койоволки крупнее койотов и охотятся везде. Строение челюстей койоволка несколько иное, чем у койота, и они могут охотиться на оленей. Подобные смешения не редкость. Например, человек при переселении из Африки встретился в Европе с неандертальцами, и в результате в наших генах присутствует до 5 % неандертальских. Когда это впервые обнаружили, в научных журналах разгорелись горячие дискуссии на поразительно знакомую тему: был ли у них секс. Оказалось, случался и неоднократно. Научная общественность в итоге с фактом смирилась. Интересно, что у современных европейцев многие гены, унаследованные от неандертальцев, отвечают за иммунитет. Койоты получили гены окраски собак: встречаются чёрные и белые койоты, светлая шерсть — от золотистого ретривера. Кроме того, от собак перешла и бо́льшая терпимость к людям, и койоты начали осваивать города. Они поселились практически во всех городах США. Например, в Чикаго их уже около 2000. В городах еды больше и выживаемость потомства в 5 раз выше, чем в сельской местности. До койотов в городах прочно обосновались

Койот

еноты, скунсы, лисы. Когда-то бедняки приходили в города по шпалам железных дорог. Теперь тем же путём следуют койоты. Стараясь не привлекать к себе внимания, койоты в городах перешли на ночной образ жизни и продолжают охотиться на диких зверей. Койоты, выросшие в городах, научились превозмогать свой страх перед человеком, хотя по-прежнему очень боятся. Они помогают контролировать численность крыс, гусей и оленей, а кроме того, едят овощи и фрукты, заглядывают на помойки. Одна семья койотов 6 лет умудрялась оставаться незамеченной на площади около 1/3 кв. мили (0,8 кв. км). В природе обычно участок зависит от количества возможной добычи на нем и достигает 39 кв. миль (100 кв. км). Охотятся койоты как поодиночке, так и стаями. Иногда койоты привлекают для охоты барсуков. Барсуки предпочитают охотиться с одним койотом, редко с двумя, страшно всё-таки. Койот загоняет добычу, а барсук выгоняет её из нор. При согласованных действиях каждому достаётся на 30 % больше еды. Бывает, оба охотника вместе отдыхают, положив друг на друга головы. Койот от полноты чувств зачастую вылизывает морду своему соратнику — барсуку.

Койоты живут небольшими семейными группами или бродят поодиночке. Супругов выбирают на всю жизнь и хранят им верность. Другие моногамные животные нет-нет да и изменят, койоты — никогда. Самка находит нору и рождает от 4 до 12 щенков. Поэтому европейцы, впервые увидевшие койота, называли его норная собака. Бороться с койотами отстрелом и ядами практически бесполезно, так как в результате плодовитость самок увеличивается. Теперь вместо ядов испытывают противозачаточные средства. Чтобы таблетки вкусно пахли, учёные подбирают соблазнительные запахи, например смесь крови и мочи. Если нору кто-то заприметил или в ней развелось слишком много блох, детёнышей перетаскивают в новую. Прежде чем научиться играть, щенята дерутся. Отец приносит пищу, пробегая за день до 100 миль (160 км). Койоты развивают скорость до 45 миль (70 км)/час, хорошо плавают. Они умеют охотиться и на дикобразов, и на гремучих змей. Поведение самца — одна из причин, почему помеси койотов с собаками редко выживают. Кобель просто не догадывается, что надо суку кормить, должен же быть у неё хозяин, пусть он и заботится. Избыток еды койоты прячут. Молодые либо остаются с семьёй и помогают растить младших, либо уходят на поиски своей территории. Бродячим койотам достаются места победнее добычей, все хорошие уже заняты семьями. Койоты живут 6–14 лет, а в неволе до 18.

Койот — заметный персонаж в легендах индейцев. Мифологический койот сочетает в себе добро и зло. Койот помог сотворить землю. У навахо койот принёс в мир смерть, но исключительно в целях высвобождения дополнительных площадей для посевов кукурузы. Чаще всего койот олицетворяет моложавость, мужскую красоту, военную мощь. У ацтеков *Huahuacoyotl*, что означает «старый престарый койот», — бог песен, музыки, танцев, а заодно почему-то и разврата.

КРАСНАЯ ПТИЦА

Красная птица — кардинал — сразу обращает на себя внимание, недаром чероки называют её «дочь солнца». Кардиналов стараются привлечь на кормушки, и во многих магазинах продаются огромные пакеты с вкусными семечками. Кардиналам еда явно нравится, и они селятся недалеко от людских жилищ: там не только кормят, но и хищников меньше. Не исключено, что распространение кардиналов на север связано с прикормом в зимнюю пору. С другой стороны, автодороги кардиналы не любят. Шум не позволяет услышать

Самец кардинала

сигнал тревоги при приближении хищника. Считается, что многое происходит по вине женского пола: то запретное красное яблочко съедят, то заладят: «В красненькой рубашечке, хорошенький такой». Почему-то красный цвет всем люб. На самом деле ответ на вопрос завистника «За что вы, девушки, красивых любите?» простой — за хорошие гены. Похоже, что ген, ответственный за ярко-красную окраску, заодно улучшает вывод токсинов из печени и позволяет различать больше оттенков цвета. У птиц в глазах в клетках, воспринимающих цвета, находятся капельки жира с каротиноидами разных оттенков. Они действуют как цветовые фильтры. Это одна из причин, почему глаз птицы намного чувствительнее, чем у человека. Птицы видят мир гораздо более разноцветным, чем мы. Окраска самцов и придирчивость самок связаны, а красный цвет честно говорит, что гены у его обладателя хорошие. Чем ярче самец, тем лучше у него территория, тем выше его положение в иерархии. Специальный ген позволяет кардиналам превращать желтоватый каротин в ярко-красное вещество, которое откладывается в перьях и клюве. Самки бежево-серые с всполохами красных перьев и красным клювом. Чем ярче отец, тем интенсивнее окраска дочери.

Кардиналы образуют пары на всю жизнь. Чувства всегда вызывают любопытство, а насколько важны они у птиц? Ничего нового не открыли: насильно мил не будешь. У пар, соединившихся по взаимному влечению, выживает на 37 % птенцов больше, чем в навязанных извне союзах. Самка вьёт гнездо в густых сплетениях веток. Она откладывает от 2 до 5 яиц и их насиживает. Он её кормит. Когда птенцы покидают гнездо, отец занимается старшими, а мать откладывает новые яйца, и в год у кардиналов насчитывается от 2 до 4 выводков. Как и все разумные вегетарианцы, кардиналы выкармливают детей пищей животного происхождения — насекомыми. Кто не без греха? И у моногамных кардиналов случается до 20 % измен. Иногда он заводит побочную семью, но отнюдь не удивительно, что в таких случаях все тяготы несёт она одна, а там, где еды мало, норовит, как кукушка, подкинуть яйца соседке.

Давно известно, что косметика на лице может выглядеть как боевая раскраска. У самок кардинала интенсивность чёрного цвета между глазами и клювом предупреждает о том, насколько яростно она готова защищать своё гнездо от подкидышей. Говорят, важно не опоздать с воспитанием. Птицы приступают вовремя. Например, когда температура воздуха становится выше 78 °F (25,5 °C), в конце насиживания родители начинают по-особому чирикать и птенцы вылупляются, хотя и меньшего размера, но зато более устойчивые к жаре. Родительское предупреждение поставило метки на их ДНК. Живут кардиналы до 16 лет, а в неволе — до 28, хотя закон, принятый в 1918 году, запрещает держать их в клетках. Зимой, по окончании сезона размножения, кардиналы собираются стайками до 24 птиц. Иногда в холодное время года мигрируют чуть южнее. Кардиналы на фоне заснеженных деревьев — волшебное зрелище.

Зачастую самые искусные певцы — птицы, невзрачные на взгляд. Кардиналы и сами хороши, и поют замечательно, к тому же и дамы не молчат. Однако песни у него и у неё о разном. Самец определяет свою территорию и обольщает самку. Она обычно поёт для общения с милым и для того, чтобы соперницам неповадно было. Кроме пения у кардиналов насчитывается около 16 звуков просто для разговора. Умение издавать трели не наследуется, этому искусству надо учить. Птенцов пению обучает отец, ну и, конечно, кое-что от соседей доносится. Кардиналы, наставляя птенцов, выпевают медленнее и чётче, совсем как люди, которые обращаются к маленьким детям. При учёбе определённая часть мозга увеличивается, что характерно для всех, кто учится. В разных краях кардиналы звучат немного по-разному, значит, у них сложились свои диалекты. Исполняют, как водится, то, что сейчас модно. Мелодии с течением времени меняются. Репертуар состоит из 28 песенок. Встречаются, правда, редкие таланты, способные проявить индивидуальность и творчески переработать то, чему учили в детстве. Во Флориде кардиналы сообразили, как отщипывать нектарники у цветов на сладкое, и этот навык переняло большинство местных кардиналов. Сперва полагали, что культуру несёт культурная прослойка, затем это распространили на все народы и заговорили о разных культурах. Лишь недавно определили, а что же такое

Самка кардинала

культура. Культура передаётся не генами, а обучением. Как видно, животные тоже способны передавать свою культурную традицию.

Семь штатов, многие колледжи и университеты назвали кардинала своим символом. Любовь часто слепа. На большинстве логотипов у кардиналов клюв и лапки жёлтые наподобие цыплёнка. А ведь именно ярко-красным клювом самцы кардиналов соблазняют самок. С формой клюва совсем беда. Художники посчитали, что орлиный клюв только украсит изображение. Утверждающие официальные инстанции не интересует реальность, а уж тем более мнение биологов. У индейцев Северной Америки кардиналы символизируют гармоничные и музыкальные взаимоотношения супругов. В легендах кардиналы выступают свахами. Увидеть кардинала — хорошая примета, а если кардинал пролетит над головой — жди романтическую встречу.

ВЕЧНЫЙ АНЕМОН

Анемон в переводе с греческого означает «цветок ветров». Эти растения зацветают преимущественно весной, когда дуют холодные ветры. Морские анемоны, иначе актинии, прекрасны во все времена года. Морские анемоны не растения, а животные, которые обитают в морях и океанах всего мира. Актинии бывают и маленькие, 4 миллиметра, и огромные — более полутора метров. Как и положено цветам, морские анемоны растут на песке или камнях, к которым они прикрепляются подошвой. От подошвы отходит трубчатое тело — ножка, на конце венец щупалец окружает рот. Живописные морские цветы отнюдь не безобидны. Щупальца снабжены стрекательными клетками. При малейшем прикосновении или химическом раздражении из них вылетает крошечный гарпун с ядом и поражает жертву нейротоксином. Щупальца направляют добычу в рот, который больше живота, и актинии в состоянии заглотить превышающую их размером рыбу, желудок потом растянется. На первый взгляд, неподвижные морские анемоны перемещаются: либо скользят на подошве, либо кувыркаются с подошвы на щупальца, либо надувают тело и плывут, а кто-то и в грунт зарывается. Трубчатые анемоны окружают себя защитным чехлом из слизи и прочного хитина.

Морские анемоны вступают во взаимовыгодные отношения с другими существами. В актиниях селятся водоросли, которые в обмен на защиту и азотистые соединения снабжают хозяина кислородом и сахарами. Водорослям для фотосинтеза требуется солнечный свет. Слишком долгое пребывание на солнце повреждает ДНК, и водоросли продуцируют своеобразный солнцезащитный крем, чтобы уберечь себя и актинию. Один вид морских анемонов находят исключительно на клешнях крабов-боксёров. Краб без актиний тоже себя не мыслит. Если краб теряет морской анемон на одной клешне, он делит оставшийся пополам. В случае потери обеих актиний краб нападает на собрата и в драке отрывает себе два отводка. Вскоре на каждом крабе восстанавливаются целые актинии. Крабы в подобных поединках никак не страдают. Морские анемоны ездят по дну на раковинах раков-отшельников. Внутри морских анемонов прячутся креветки, рыбы кардиналы, бычки и, конечно, знаменитые рыбки-клоуны. С самого рождения рыбки-клоуны покрыты предохранительным слоем слизи, чтобы спастись от стрекающих клеток. По ночам, когда содержание кислорода в воде падает, рыбка-клоун плавниками, как опахалами, обмахивает свой цветок, что способствует притоку свежей воды. Красивые и, на первый взгляд, нежные морские анемоны ведут войны. Некоторые группы актиний терпеть не могут всяких там, незаслуженно занимающих хорошее место. Стратегия

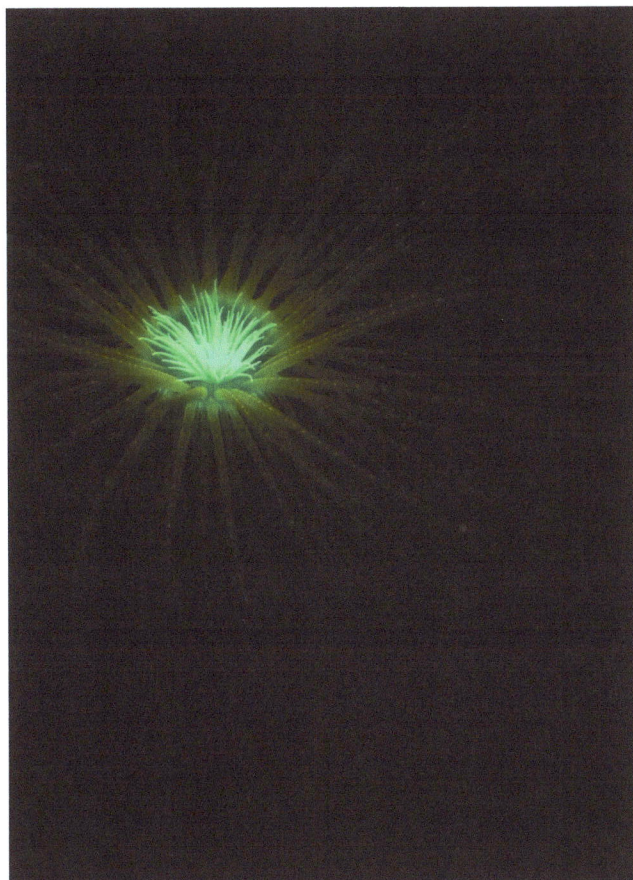

Светящийся трубчатый морской анемон

атаки давно отработана. Ближе к границе между двумя враждующими колониями располагаются разведчики, за ними — воины, а в центре — размножающиеся особи. Таким образом, «цветы необычайной красоты» сидят рядом с нейтральной полосой. Разведчики всё время исследуют ничейное пространство. Воины накачиваются водой, вырастая вдвое, и специальными длинными ядовитыми щупальцами колошматят противника. Оказывается, для вражды мозг не требуется, а только кое-какие нервные клетки.

Морские анемоны, как и растения, способны восстанавливать всё тело из куска. Актинии размножаются как половым, так и бесполым путём. Они почкуются, делятся вдоль и поперёк. В результате возникают колонии, клоны исходной актинии. Однако совсем без секса нельзя. В полнолуние актинии выпускают в воду кто яйцеклетки, а кто сперматозоиды. Клетки сливаются, и образуется плавающая личинка. Через некоторое время она утыкается передней частью в грунт, и возникает новая актиния. Следовательно, гены, которые у человека активны в голове, у морского анемона работают в подошве. В общем, как говорил В. Черномырдин: «Мы мужики и знаем, на чем сидим». Отпускать потомство в океан страшно. У ряда морских анемонов детки развиваются в животе матери, где некоторые из них сливаются друг с другом. При заглатывании еды или выбросе отходов личинки легко могут выпасть, и тогда они стараются найти приют в первой попавшейся актинии. Получается, что иногда актиния вынашивает чужих детей. Личинки, расположившиеся внутри поближе к телу родительницы, вырастают более крупными, очевидно, им поступает добавочное питание. В итоге личинки сильно разнятся по размеру. Актинии также снабжают наследников водорослями, которые заранее упакованы в яйцеклетку.

Сколько лет отпущено морским анемонам? Документально подтверждено, что одна актиния долгожительница, прожила в аквариуме сто лет. Что с ней стало дальше, неясно. Таким образом, морские анемоны, по крайней мере, вечные от слова «век». Стареющих анемонов никто никогда не видел. Стволовые клетки морских анемонов запросто восстанавливают и омолаживают все органы. При делении, да и в течение жизни актинии происходит постоянная замена клеток. Актинии существуют, пока их не съели или не произошёл несчастный случай. Некоторые акулы, моллюски, грибы и деревья живут от нескольких сот до нескольких тысяч лет. Так как ни у кого не хватает ни терпения, ни денег проводить опыты в течение 10 000 лет, возникло биологическое определение бессмертных видов: это те, кто никогда от старости не погибает, а их жизнь прерывается в силу совсем других обстоятельств. Хорошо известно, что люди потеряли доступ к Древу жизни и, соответственно, право на бессмертие, вкусив плодов Древа познания в Раю. Что-то в этом есть, кроме других, чисто генетических причин, которые также следует учитывать. В мозгу накапливаются знания, память, личный опыт, переживания и много всего прочего, включая старые анекдоты. Морские анемоны пребывают в безвременье. Стволовые клетки, кстати, очень похожие на человеческие, всё время обновляют нервную систему актиний. Возможно, именно воспоминания побудили Волшебника из «Обыкновенного чуда» сожалеть о своём бессмертии. Он произносит замечательные слова о тех, кто не вечен: «Слава храбрецам, которые осмеливаются любить, зная, что всему этому придёт конец. Слава безумцам, которые живут себе, как будто бы они бессмертны».

Актинии

АРМИЯ НА МАРШЕ

Утром армия покинула бивуак. Впереди продвигалась шеренга разведчиков. В середине ползла полуслепая королева, окружённая десятками крупных солдат. Зачем и куда направлялась эта армия? За провиантом. Кочевые муравьи, *army ants* по-английски, охотятся в колоннах, достигающих 20 метров в ширину и 100 в длину. В одной колонне насчитывается от 10 тысяч до 20 миллионов муравьёв. У кочевых муравьёв, например, у эцитонов, обитающих во Флориде, различают четыре касты. Размеры рабочих муравьёв от 0,2 до 0,7 сантиметра, солдат с мощными челюстями — 1,5 сантиметра, матки — 2 сантиметра, крылатых самцов, больше похожих на ос, чем на муравьёв, — 2,5 сантиметра. Рабочие и солдаты живут от месяца до года, самцы — несколько недель, а матка — до 30 лет. Колонна движется со скоростью до 20 м/час. Муравьи кормят матку и личинок, которых несут с собой. Большие колонны за день поглощают до 500 тысяч единиц пищи. Кочевые муравьи сметают всё живое на своём пути, оставляя то, что считают несъедобным. Проход колонны — катастрофа для мелких животных. Они в панике убегают от нашествия и становятся лёгкой добычей множества разных прихлебателей, сопровождающих кочевых муравьёв. Мухи-большеголовки откладывают яйца в удирающих сверчков и тараканов. Колонну окружают кукушки, древолазы и другие птицы, ведь насекомые прямо на них выскакивают. Бабочки толстоголовки нашли свою выгоду: они питаются помётом именно тех птиц, которые следуют за кочевыми муравьями. Некоторые насекомые, чешуйницы и жуки-стафилиниды, по форме удивительно напоминающие муравьёв, живут внутри армии, приобретают её запах и подбирают несъеденное. Жуки под шумок зачастую лакомятся муравьиными личинками. К вечеру кочевые муравьи разбивают бивуак, который строят из своих тел. Они сцепляются между собой лапками и образуют временную структуру с проходами, внутренними камерами, совсем как настоящий муравейник. Снаружи располагаются старые, а внутри молодые рабочие. В поперечнике бивуак достигает 1 метра и весит до 1 килограмма. На его постройку требуется до 150 тысяч муравьёв. В холодных местах муравьи способны повышать температуру гнезда в камерах с расплодом. Некоторые виды кочевых муравьёв живут и охотятся под землёй, где солдаты роют туннели, и там же строят бивуак. Подземные кочевые муравьи практически слепые. Зрение кочевых муравьёв, живущих на поверхности, получше. Муравьи ориентируются главным образом по запаху. Размер мозга у обитателей подземелья меньше. Наземное существование требует дополнительных нервных клеток.

Жизнь кочевых муравьёв делится на кочевую и стационарную фазы. Матка должна остановиться, чтобы отложить яйца. Стационарная фаза длится около 3 недель, и матка производит до 300 тысяч яиц. Личинки окукливаются, и кормить их не надо. Рабочие при необходимости делятся едой друг с другом. Кочевые муравьи в это время делают вылазки только раз в несколько дней, совершая набеги в разные стороны от бивуака, чтобы не истощать ресурсы на одном и том же направлении, как это случилось с войсками Наполеона, бежавшими из Москвы. Из куколок выходят молодые муравьи, а из яиц — личинки. Потребность в корме возрастает, и муравьи снова выступают в поход. Кочёвка длится около 15 дней. В любой армии имеются военные строители. Скорость по дороге с ухабами неизбежно замедляется. Муравьи закрывают углубления своими телами: гладкая дорога значительно сокращает доставку питания. Колонна проходит, те, кто лежал в яме, выскакивают и идут со всеми. Кочевые муравьи наводят мосты. В длину мост обычно насчитывает 10−20 муравьёв, то есть несколько сантиметров. Иногда на 1 метр пути обнаруживается до 10 мостов. В их создании участвуют тысячи муравьёв. Строительство начинают с самого узкого места. Муравьи чувствуют интенсивность движения и в случае необходимости мост расширяют. Никаких руководящих указаний, работает роевой интеллект: каждый муравей твёрдо знает, когда начать строительство моста, когда присоединиться и когда покинуть конструкцию. Мосты укорачивают путь сотен тысяч и экономят энергию.

Колония растёт и примерно каждые три года становится слишком большой. Тогда в ней появляется на свет около 1500 самцов и 4−6 девственных маток. Рабочие играют решающую роль в возникновении новой колонии. Они сплачиваются вокруг одной из народившихся маток, которая по каким-то соображениям кажется им более привлекательной. Как тут не вспомнить таинственное качество харизмы политических лидеров! Муравьи девственницу ревностно охраняют. Возможность самцов пробиться к будущей королеве зависит от её окружения. Все понимают, насколько важно благорасположение секретарши у двери начальника. Матка спаривается с 10−25 допущенными к её особе самцами. Колония делится. Новая или старая матка уходит с верными ей муравьями, и они начинают свой путь. Иногда колония отказывается от старой матки в пользу двух молодых. Лишних маток бросают. Матка в изобилии выделяет феромоны, запахи специфические для каждой колонии, которые служат опознавательными знаками. Если с маткой что-то случается, происходят драматические события. Сперва муравьи возвращаются, и стараются разобраться, вдруг она просто отстала или потерялась. Без ведущей и направляющей, запах колонии источающей и новых членов порождающей матки некоторые колонии просто прекращают существование. Иногда колонна замыкается в кольцо. Муравьи, полагая, что они всё ещё со своей королевой, просто следуют за привычным запахом впереди идущих. Знакомое явление... Такое движение по кругу назвали «муравьиная мельница». Наблюдали «муравьиные мельницы» размером до 370 метров. В итоге все погибают от истощения. В большинстве колоний родной запах без матки ослабевает, и муравьи вливаются в соседние колонии. Обычно даже сестринские колонии на границах кочевьев нетерпимы друг к другу, происходят столкновения, но в случае гибели матки рабочих принимают и колонии объединяются. Изредка колонии, лишившиеся королевы, перед тем как исчезнуть, производят на свет крылатых самцов. Они улетают и уносят гены осиротевшей колонии. Надежды на успех мизерны, но вдруг...

ГОРМОН ЛЮБВИ

«Приходит время, люди головы теряют...» — предполагается, что половые гормоны играют. Однако в столь ответственном и серьёзном деле, как любовь, нельзя полагаться лишь на крылатых, пухленьких, неразумных купидончиков с луком и стрелами. Должна присутствовать ещё какая-то более солидная генетическая база. И в самом деле имеется гормон специального назначения, и производится он не железами, а ввиду особой важности — нервными клетками. Иначе род прекратится, но обо всём по порядку.

Окситоцин в переводе с греческого означает «быстрые роды». Этот гормон впервые обнаружили в крови рожающих женщин, он стимулирует сокращения матки и выработку молока. Окситоцин стали использовать для родовспоможения, вводя его внутривенно, и почти 100 лет не задавались вопросом, что же он там делает в крови у мужчин, а заодно и у множества живых существ, включая рыб, червей и моллюсков. Окситоцину больше 700 миллионов лет. Интерес возник, когда сравнили двух похожих друг на друга мышей полёвок. Одни отличались беспорядочными связями, а другие образовывали пары на всю жизнь и хранили верность. Тут уместно заметить, что мало только производить гормон, надо ещё его и усваивать, иметь рецепторы, воспринимающие молекулы. Выяснилось, что у верных самцов полёвок обострена чувствительность к окситоцину, который поэтому назвали гормоном любви. Окситоцин помогает матери сразу горячо полюбить новорождённого. У заботливых матерей число рецепторов велико. Чем больше любви, тем здоровее потомство. Младенец рождается с некоторым запасом окситоцина, который от матери через плаценту проник в его мозг. Гормон любви успокаивает ребёнка во время родов и помогает установить контакт с матерью. В крови окситоцин действует иначе, чем внутри мозга. Никто же не влюбляется в акушера-гинеколога, когда он вкалывает окситоцин роженице. В опытах приходится окситоцин капать в нос, чтобы он как-то достиг мозга. У отцов при рождении ребёнка окситоцин возрастает. Это относится не только к человеку. У рыбки-клоуна об икре заботятся исключительно самцы. Рыбий гормон любви подскакивает от одного вида осиротевших икринок, и приёмный отец тут же принимается с ними нянчиться. Вообще просмотр картинок с изображениями детёнышей разных видов поднимает уровень окситоцина и укрепляет супружеские связи. Если у птиц подавить восприимчивость к окситоцину, они очень долго выбирают партнёра и реже образуют пары. О нехватке окситоцина даже в песнях поют: «Непостоянная у них любовь». Уровень окситоцина у влюблённых всегда повышается. Иногда возникают непредвиденные ситуации: «Любовь зла, полюбишь и козла». Верные мужья, богатые окситоцином, конечно же, заглядываются на привлекательных девушек. Но при всём при этом, в отличие от холостяков, гормон любви заставляет их неосознанно держаться на большем расстоянии от красавиц. Пары, которым перед неприятным разговором закапывали окситоцин, легче находили общий язык.

Любовь, любовь... а, собственно, о какой любви идёт речь? В старом анекдоте на уроках сексологии в школе предлагалось обсуждать не любовь мальчика к девочке, а любовь к родине. Окситоцин работает в обоих случаях. При впрыскивании окситоцина все становятся более общительными и предпочитают старых знакомых. Окситоцин побуждает заботиться о братьях и сёстрах. Гормон любви упрочивает доверие, хорошее отношение к членам своей группы. Давно замечено, что от любви до ненависти один шаг. Всё тот же окситоцин при благосклонности к своим заставляет хуже относиться к чужакам. Выражение «Против кого дружите?» определяет, оказывается, гормональное состояние. Удивительно, как язык отражает физиологию. Окситоцин даже врать заставляет во имя своей группы. Гормон любви совершенно необходим в установлении социальной структуры и при коллективной работе. У мужчин после совместной охоты окситоцин повышается. Гормон любви, кроме того, делает людей более смелыми. Окситоцин называют также гормоном доверия. Он волнует не только любовников, но и рекламные компании. Испытуемые под влиянием окситоцина больше интересуются рекламой и тратят на 56 % больше денег. Окситоцин усиливает гипноз, при этом вера в гипнотизёра вырастает. Интересно, что без всякого окситоцина 70 % людей средне внушаемы, а 15 % легко внушаемы. В сумме получается подозрительно похоже на 86 %, но лучше о любви. Верные полёвки, которым давали алкоголь, начинали изменять. Действие окситоцина и спиртного схожи. Писали, пишут и будут писать, что от любви пьяными становятся. «В ней всё опьяняет и жжёт, как вино» — пел о своей любимой Роберт, герцог Бургундский, в опере «Иоланта». Сальвадор Дали точно заметил: «Алкоголь вызывает кратковременное расширение сосудов и круга друзей». Алкоголь препятствует воздействию окситоцина на мозг, и потребление зелёного змия снижает уровень окситоцина. У женщин при выпивке чем сильнее падает концентрация окситоцина, тем более пьяными они себя чувствуют. Зато окситоцин помогает снимать синдром похмелья эффективнее, чем рассол. Употребление наркотиков и нехватка гормона любви тоже связаны.

В тяжёлые времена и при стрессе количество окситоцина возрастает, что заставляет искать помощь у других. Для гормона любви требуются витамины, в частности, витамин С. Активность генов, кодирующих окситоцин, у разных людей варьируется. С возрастом выработка окситоцина может понижаться. В итоге получается: «Я никого не жду. Я никого уже не в силах полюбить». С доисторических времён человечество понимало, что в любви замешана химия, и изобретало всяческие приворотные зелья: иногда срабатывало, чаще не очень. Вот Швондер интуитивно почувствовал, что хоровое пение как-то содействует коллективизму, и оказался прав. Доказано, что при пении синтез окситоцина интенсифицируется. Случается, сердца разбиваются, а ведь именно окситоцин, то есть любовь, способствует заживлению сердечной мышцы. Вообще в браке люди меньше болеют и быстрее выздоравливают. Перефразируя Чуковского, можно сказать: надо, надо обниматься по утрам и вечерам, при этом показатель окситоцина взлетает вверх. Достаточно приласкать домашних животных, чтобы концентрация гормона любви увеличилась. Недаром все так любят ласку. Мудро сказал Омар Хайям: «Вином любви смягчай неправды жизни».

СОБАЧКОВЫЕ

Собачковые тихо живут в морях и океанах и не лают. Английское *blenny* и латинское *Blennidae* происходят от греческого слова «слизь». Тело этих рыбок покрыто слизью. Голова морских собачек по форме напоминает морду бульдога. Как и положено собакам, у собачковых острые зубы. Скалить их морские собачки не умеют, а просто угрожающе открывают рот. У некоторых морских собачек на нижней челюсти растут здоровенные клыки, и их называют саблезубыми. Так что не стоит полагать, что все саблезубые остались в далёком прошлом, они наши современники. У ядовитой лирохвостой собачки клыки полые, и по ним стекает яд. Оказалось, что яд состоит из нескольких компонентов, включая нейротоксин и опиоид для обезболивания. Яд предназначен для защиты от врагов. Производить сложную по составу отраву накладно, поэтому другие морские собачки — эксены — просто копируют внешность ядовитых и на всякий случай с ними тоже опасаются связываться, вдруг нарвёшься. У морских собачек над глазами особые характерные выросты, как мохнатые брови. Их функция пока не ясна.

Паразитов везде много, от них необходимо избавляться, и в морских глубинах существуют станции очистки. Маленькие рыбки губаны обирают паразитов, рачков и червей с кожи и даже во рту самых разнообразных рыб. На станциях очистки строго соблюдается перемирие. Приплывают страшные хищники и кротко ждут своей очереди. На теле губанов, чтобы их узнали, хорошо видны яркие голубые и чёрные полосы. Губаны завлекают клиентов, исполняя особый рекламный танец, то есть двигаясь определённым образом. Кажется, что у них что-то сильно чешется. По-видимому, так до потребителей лучше доходит. Иные

Собачка-эксен голубоглазый мидас

виды собачек копируют и окраску, и поведение губанов, но избавлять от паразитов не спешат. Волк в овечьей шкуре, то бишь собачка, похожая на губана, подплывает к расслабившемуся посетителю и откусывает кусок плавника, что вкуснее и питательнее простого паразита. Как мошенничество влияет на успех бизнеса, в данном случае станции очистки? Рыбы, ожидающие очереди, внимательно следят за качеством обслуживания. Коли что не так, на другую станцию можно уплыть, в результате еды лишатся не только губаны, но и собачки. Известное дело: «Один в грехе, а все в ответе». Потом, глядишь, эту станцию вообще все избегать начнут. Наверное, пойдет рыбная молва. Легче всего одурачить, притворившись губаном, молодых, наивных рыб. С возрастом рыбы учатся отличать чистильщиков губанов от коварных морских собачек. «Жульничай, но знай меру» — гласит народная мудрость. Откушенные плавники составляют лишь 10–20 % пищи морских собачек. Наблюдаются и географические особенности. Например, в Красном море собачки нападают реже, чем в морях вокруг Индонезии.

Морские собачки поселяются в расщелинах, пустых раковинах моллюсков, зарываются в грунт. В Мексиканском заливе в освободившихся раковинах морских желудей, облепивших нефтяные платформы, сидят маленькие морские собачки. Они выскакивают из своего укрытия, как собаки из будки, хватают еду и мгновенно скрываются обратно.

За икрой ухаживает отец. Для столь ответственного дела, как размножение, требуется приличное аккуратное помещение, и самец его готовит, очищает. Бывает, он до пяти гнёзд сразу обустраивает. Кто знает, какое из них понравится дамам, хотя в целом известно, что их благосклонность напрямую зависит от размеров жилплощади претендента. Чего таить, всем нравятся обширные владения. Прежде всего она должна как следует осмотреть предложенный дом внутри. Самки очень придирчивые. Да это и понятно, им предстоит сложный и ответственный выбор: кому доверить свою икру и будущее потомство. Оценивается как качество генов, так и поведение потенциального партнёра. Лучше большой самец с просторной квартирой, чем маленький с тесной. Пожилые кавалеры очень популярны: ведь сумел же везунчик дожить до такого возраста, избежав всех опасностей. Кроме того, важно, как он позаботится об икринках. Прекрасный пол обращает внимание и на размер вздутий около анального отверстия самца. Обычно у крупных самцов они больше и с годами увеличиваются. Этот орган производит антибиотики и имеется только у самцов, которые натирают целебными веществами стенки домика и икру. Чем больше антимикробных соединений произведёт отец, тем больше деток выживет. Самца посещает несколько самок, и все они откладывают икру в одно гнездо. Затем самки спешат на поиски других выгодных партий. В итоге самец печётся о разновозрастных икринках от многих матерей. Папаше теперь и поесть некогда, он всё время обмахивает икру плавниками, чтобы увеличить приток кислорода.

Жизненные стратегии у самцов отличаются. Встречаются воришки, они незаметно пристраиваются в чужие гнёзда и во время икрометания оплодотворяют часть икринок. Хорошее место, как правило, весьма привлекательно, и случаются жестокие драки. Кое-кто даже и не пытается найти своё, а норовит вышибить соседа. Головы самцов часто покрыты шрамами, полученными в сражениях за территорию, но, как известно, «шрам на роже — для мужчин всего дороже». В общем, страсти кипят. С другой стороны, доброта и сочувствие не пропадают даром. Интересно, что встречаются иногда самцы, которые, увидев гнездо с осиротевшими икринками, начинают нянчиться с ними, как со своими. Откуда берётся альтруизм? Оказывается, местные самки всё подмечают. Если он так ухаживает за совершенно чужими, значит, родных-то уж точно будет усердно опекать. В результате сердечные и отзывчивые пользуются невероятным успехом. Из икринок выходят личинки и начинают самостоятельную жизнь в толще воды. Поскольку морские собачки пребывают на дне, плавательный пузырь им не нужен. У личинок в печени накапливается жир, они становятся легче и всплывают. При переходе к взрослому образу жизни жир тратится и молодая рыбка, потяжелев, опускается вниз. Морские собачки часто выпрыгивают из воды. Вдруг удастся перелететь через камни и приземлиться в соседнюю бухточку, где их, возможно, ждут незанятые удобные норки и новая жизнь?

Собака-водорослеед, или собачка украшенная

ПОДВОДНЫЙ ПИСТОЛЕТ

Раки-щелкуны махонькие, от нескольких миллиметров до 7 сантиметров в длину, в зависимости от вида. У них три пары ног, две пары усиков и две разновеликие клешни. Одна клешня размером почти в половину тела — оружие страшной разрушительной силы. «Палец» этой клешни оттягивается, и затем его выступ с силой ударяется о выемку на другой половине клешни. В результате вылетает мощная струя вытесненной воды. За уплотнённым фронтом потока возникает разряжение, и появляется пузырь, несущийся со скоростью 62 мили (100 км)/час. Температура взлетает до 4700 °C (8000°F), приближаясь к температуре на поверхности солнца. Пузырь в итоге лопается со вспышкой света и с оглушительным шумом в 210 децибел. Для сравнения: грохот пылесоса — 70 децибел, рок-концерта — 120, взлетающего самолёта — 140, а выстрела из пистолета — 150. Неудивительно, что рака-щелкуна называют креветка-пистолет. Рак-щелкун — одно из самых громких животных в океане. Гидрофоны давно регистрировали этот странный звук, однако о невероятных способностях невзрачного ракообразного удалось узнать, только когда гидрофон соединили с камерой, снимающей 40 тысяч кадров в секунду. К счастью, все эти фантастические события развиваются на расстоянии, не превышающем 4 сантиметров, вполне достаточном для охоты на небольших рыбок или креветок, а также для защиты от врагов. Всякое случается, например, большая клешня отрывается, и мирной клешне приходится превращаться в оружие. На месте утерянной отрастает новая. Если большая клешня осталась на месте, но у неё повредился нерв, то новая клешня всё равно растёт стреляющей, получается два пистолета, и, чем есть, неясно. Угрожающее приспособление используется и для разговора. Таким манером многое удаётся выразить. Легко отличить мальчика от девочки, так как щелчки самок слабее, чем у самцов. Как вообще знакомиться при подобном вооружении? При встрече представителей разного пола выстрелы неизбежно раздаются, но химия играет важную роль и позволяет распознать одинокого рака-щелкуна. Пара касается друг друга усиками-антеннами и, ежели запах кажется соблазнительным, решает навсегда остаться неразлучными. Почему навсегда? Тому много причин. Оплодотворение происходит, только когда самка линяет. Беззащитной, без твёрдого панциря невесте опасно бродить по дну в поисках суженого. При линьке дама становится мягкой и нежной, а он тут как тут. Кроме того, супругу, пока она с икрой, надо охранять. Из икры выходят личинки, которые некоторое время самостоятельно плавают в составе планктона, а потом садятся на дно и превращаются во взрослых.

Раки-щелкуны очень часто живут совместно с другими морскими обитателями: актиниями, губками, моллюсками, крабами, кораллами. Раки-щелкуны спасают кораллы от хищных морских звёзд. Кораллы за услугу предоставляют ракам-щелкунам приют и подкармливают своей слизью. Говорят, два медведя в одной берлоге несовместимы, а раки-щелкуны благополучно уживаются с креветками-богомолами, удар которых сравним с поражающим дей-

Рак-щелкун со своим бычком-стоногобиопсом яша

ствием пули .22 калибра, стекло аквариума разбивают. Раки-щелкуны часто сидят в одной норке с бычками. Рак-щелкун не слышит и плохо видит. Бычок, у которого зрение хорошее, предупреждает его об опасности, виляя хвостом. Рыбка и рак неразлучны. Иногда рак нежно поглаживает хвостик бычка своей смертоносной клешнёй. Дом в песке, как и на песке, поддерживать сложно. Рак-щелкун берёт на себя все хлопоты по расчистке и расширению убежища. Он выгребает песок, действуя большой клешнёй как бульдозером.

Раки-щелкуны синалфеусы образуют колонии с одной размножающейся маткой, совершенно как пчёлы или муравьи. Прозрачные, крошечные, размером с рисовое зёрнышко синалфеусы селятся внутри губок. Только матка откладывает яйца, из которых выходят не личинки, а сразу рабочие рачки. Матку охраняют грозные воины. Обе клешни у неё одинаковые, небольшие. Таким образом, колония состоит из матки и её детей: братьев и сестёр. Они свою губку ни с кем не делят. Если кто-то чужой залез, раздаётся предупредительный выстрел. Коли нарушитель не внял, все обитатели начинают щёлкать одновременно. Обычно этого достаточно. Если такую губку вынуть из воды, раздаётся сильный треск. Известно, что зачастую группы объединённых родственников преуспевают лучше одиночек. Взаимопомощь выручает. «Ну как не порадеть родному...» — говаривал Фамусов, и все на уроках литературы его дружно клеймили, осуждали. В биологии никто бы слова плохого не сказал. Непотизм, от слова *nepote* — племянник, в природе широко распространён. В первую очередь помогают родственникам, чтобы сохранить гены. Виды, подобные синалфеусу, называют эусоциальными, что означает хорошо, действительно общественные, достигшие наивысшего уровня социальной организации. В колонии вместе живёт несколько поколений, они сообща заботятся о потомстве, царит строгое разделение труда, а размножаются лишь немногие особи.

А насколько эусоциальны, то есть по-настоящему социальны, люди, если не слушать вождей и не путать слова социальный и социалистический? Ассоциаций возникает много. Молодые солдаты гибнут за других, не успев обзавестись детьми. В обществах, где практикуется многожёнство, лишних молодых мужчин либо изгоняют, либо используют как пушечное мясо. Помощь родственников, несомненно, способствует выживанию молодых. Вероятно, продолжительность жизни людей увеличилась, чтобы бабушки помогали растить внуков. Женщины, достигнув определённого возраста, уже не могут зачать, зато успешно занимаются с детьми своих детей. Старые записи в церковных книгах Европы и современная статистика развивающихся стран свидетельствуют о том, что в семьях с бабушками детей выживает больше. Похоже, что для процветания забота гораздо важнее стрельбы.

ЖУРАВЛЬ В НЕБЕ

У обочины дороги стояла пара журавлей. Перья выглядели испачканными какой-то грязью ржавого цвета. И где это они так вымазались? Но обо всём по порядку.

Во Флориде обитает подвид канадского журавля — флоридский журавль. Это большие серые птицы с красной шапочкой и белыми щеками. Журавль — одна из самых древних птиц, которые жили в Северной Америке ещё 10 миллионов лет назад. Согласно пословице, «журавлиная походка не нашей стати». На своих длинных чёрных ногах журавль ходит со скоростью 1,8–5,4 км/час. Человека запросто обгонит. Журавли едят семена, клубни и мелких животных. Защищаясь, журавли подпрыгивают и в воздухе лягают ногой. Похоже, некоторые приёмы карате когда-то подглядели у журавлей, недаром один из типов единоборства называется «стиль белый журавль». Журавли летают со скоростью 35 миль (56 км)/час, а с попутным ветром до 62 миль (100 км)/час, поднимаясь на высоту до 2 миль (3,2 км) и пролетая в день до 500 миль (800 км). «Долго журавль летает, а мозоли не натирает». Почему? Журавли используют тёплые потоки воздуха, поднимающегося от земли, и планируют на них, экономя силы. «Летят, летят косым углом» — отметил А. Блок. Такое построение помогает членам стаи максимально использовать завихрения воздуха, которые создаются птицами, летящими впереди. При этом сберегается энергия. Все соглашаются в описании формы журавлиной стаи, но что касается звуков, согласья в поэтах нет, и начинается полный разбой. «Кричали» у Фета, «звенит и плачет» у Блока, рыдают у Жемчужникова и «хохот-клик» у Хлебникова, правда, последнее определение одобрил Маяковский. В народе говорят точнее: «Журавли курлычут». Действительно, трудно выразить словами всё богатство их голосов. Как описать звучание валторны, тромбона или тубы? Дело в том, что дыхательное горло — трахея журавлей, в основании которой возникают колебания воздуха, достигает полутора метров и закручена как валторна. Чем длиннее трубка, тем больше разных нот. Журавли очень разговорчивые и умеют издавать самые разнообразные звуки, начиная от мурлыканья. У каждого журавля свой характерный тембр, по которому его можно узнать. У птенцов по мере роста трахея удлиняется и, соответственно, наполняется новыми октавами. Журавлиный крик слышен издалека, более чем за милю (пару километров).

Журавли выбирают себе супруга на всю жизнь, правда, случается около 18 % разводов. В сезон размножения партнёры уединяются на своей территории, где они строят прямо на земле гнездо из веток. Участок надо охранять от напористых соседей. До драки лучше дело не доводить, и соперники наклоняют голову, показывая друг другу размер красного пятна, которое раздувается, наливаясь кровью: «Я красен в гневе». Наконец место отвоёвано, и пара поёт в унисон и танцует. Совместные песни и танцы укрепляют супружеские связи. Самец и самка обходят друг друга, поднимают клювы, подпрыгивают, взлетают, машут головами, кланяются. Некоторые берут в клюв ветку и танцуют с ней. В стаях журавли тоже танцуют. Совершенно как у людей танцевальное искусство демонстрирует привлекательность и сексуальность партнёра. Вспоминаются как первый бал Наташи Ростовой, так и современные дискотеки. В журавлиной стае танцы несут ту же функцию, что и на праздниках: объединяют и дают выход эмоциям. Недаром у древних греков журавлям покровительствовал Аполлон. Скорее всего потребность в танцах уходит во мглу не веков, а миллионов лет. Людям всегда нравились движения журавлей. Там, где обитают журавли, у местных народов зачастую исполнялся танец журавлей. «Танец маленьких лебедей» возник, вероятно, совершенно независимо. Вернёмся всё же к журавлям. Самка откладывает от 1 до 3 яиц. Каждые два часа он и она сменяют друг друга на гнезде. Появившиеся на свет рыженькие птенцы могут бегать и даже плавать. Однако в первые дни они не способны регулировать температуру тела, и родители их обогревают. Как раньше, в хороших семьях родители обучают детей танцам. Ведь и у птиц существует культура — то, что передаётся от старшего поколения воспитанием. Первый перелёт тоже проходит вместе с родителями, которые показывают, куда лететь. Птенцы остаются с семьёй 10–12 месяцев, а потом

Канадский журавль

присоединяются к компании сверстников. Продолжительность жизни журавлей — 35 лет. В свободное от выращивания нового поколения время журавли очень общительны: собираются стаями, хотя родственники держатся вместе. Во время перелётов журавли ночуют, стоя в мелкой воде.

В Северной Америке живёт ещё один вид — белый американский журавль, но их осталось всего около 400, из них 5 во Флориде. Охотники любят стрелять в белых журавлей, от их рук гибнет до 20 % этих редчайших красивых птиц. Тем не менее, несомненно, лучше журавль в небе, чем в руках. Американских журавлей пытаются спасти. Их яйца подкладывали канадским журавлям, но выросшие с серыми журавлями белые искали себе пару среди приёмного племени, а на своих и глядеть не желали. Журавлей в перелётах сопровождали самолёты сверхлёгкой авиации, пока в 2011 году Федеральное управление гражданской авиации США это баловство не запретило. К тому времени и учёные поняли, что самолёты впереди стаи не на пользу молодым, их должны учить родители.

Журавли обычно чистят перья, размазывая по ним выделения особых желёз, которые обладают антибактериальными и антигрибковыми свойствами. В период размножения журавли втирают ещё и красноватую грязь, в результате перья приобретают коричневатый оттенок. Предполагают, что это сигнал готовности к продолжению рода. Аналогичное поведение у людей ещё ждёт своего объяснения. Десятки тысяч лет назад древние люди покрывали пол пещеры, расписывали стены и тела охрой, красными глинами. Охра — это, собственно, окись железа, ржавчина. Индейцев назвали краснокожими именно за то, что они красили себя охрой. Подобный обычай в Африке дожил до наших дней. Ну почему же только в Африке? Окись железа входит в состав и определяет цвет пудры, румян, теней для век, помады — всего и не перечислить. Пудря нос, мы не отстаём от журавлей. Нас с ними многое объединяет: пение, танцы и даже использование декоративной косметики. Может быть, поэтому, когда летят журавли, все останавливаются и смотрят им вслед?

ОЛЕНЬ

Из мангровых зарослей бесшумно возник олень размером с большую собаку. Он стоял и смотрел своими огромными глазами на людей, а затем исчез, растворился в сплетениях веток и корней. Маленький островной, или рифовый, олень — разновидность белохвостых оленей, которые обитают во Флориде. Для охоты завезли ещё благородного оленя и индийского замбара, но их очень мало. Олени — жвачные животные, значит, основную трудную работу по перевариванию пищи делают микроорганизмы, а оленю следует для них тщательно всё измельчить. Еду олени заглатывают второпях. Садоводы на горьком опыте знают, что олени могут съесть всё, даже мухоморы и ядовитый сумах, прихватывают также улиток и прочую живность, лишь потом в укромном месте начинают длительное многочасовое пережёвывание, затем снова глотают. Микроорганизмы разрушают целлюлозу, при этом образуется газ метан, и олени часто рыгают. Только в конце желудочные соки оленя начинают участвовать в процессе. Зимой в местах, где листья опадают, а трава уходит под снег, остаются одни голые ветки. Пищеварительная система оленя уменьшается, состав микробов в ней меняется, и новая пища эффективно усваивается. Тем не менее на древесину требуется больше времени, и, бывает, набив желудок, но не успев всё переварить, олень гибнет от голода. Растения, конечно же, пытаются защититься от оленей. Вещества в слюне оленей побуждают растение производить салициловую кислоту — аналог аспирина. Салициловая кислота вызывает синтез танинов, и, с одной стороны, растение становится более горьким, а с другой — оно начинает усиленно расти и куститься. Учёные тоже попробовали обгрызать и обмусоливать ветки, но растения на это никак не реагировали. В слюне оленей, кроме того, содержатся антигрибковые вещества, которые в итоге идут на пользу траве.

Олени бегают со скоростью до 40 миль (64 км)/час, плавают со скоростью до 13 миль (20 км)/час и могут перепрыгнуть ограду высотой 6–9 футов (2–2,5 м). Обоняние оленей в 500–1000 раз более острое, чем у человека. Они способны различать одновременно до 6 разных запахов. Олени оставляют пахучие метки, так что соплеменники легко читают, кто чей родственник, в каком состоянии здесь проходил. Слух тоже отменный, оленьи уши поворачиваются на 180°. Глаза замечают малейшее движение, поле обзора — 270°. Олени дальнозоркие, еду под носом они различают плохо, и на подбородке у них растёт щёточка чувствительных волосков, чтобы ощутить еду.

Флоридский островной олень

Поздней весной, с удлинением светового дня, у самцов невероятно быстро начинают появляться рога. По сообщениям барона Мюнхгаузена, вишнёвая косточка, попав в лоб оленя, проросла и превратилась в ветвистое дерево. Зерно, а не косточка, истины в этом есть. Развивающиеся рога, пересаженные на другие части тела оленя, продолжают расти. Почему бы и дереву тут не вырасти? В конце лета с рогов спадает бархатистая кожица. Они становятся в 2,5 раза более прочными, чем кости скелета, и очень устойчивыми к деформации. Строение рогов позволяет им вобрать в себя энергию сильного удара и не сломаться. Качество рогов определяется уровнем тестостерона и наследственностью. Если тестостерона недостаточно, рога вырастают похожими на кактус, а иногда на бонсай.

Пора любви у оленей начинается осенью, она связана с фазами луны и называется гон. Тяжело приходится мужскому полу: до четверти веса расходуется. Под конец гона доминантный самец, которому должны принадлежать все самки округи, изрядно измотан и потаскан, чем тут же пользуются соперники. В свою очередь оленихи постоянно оценивают главного по мощи его голоса. На исходе брачного сезона непрерывно кричащий про свою силу самец просто хрипнет. Усталость и слабина в голосе не способствуют успеху у прекрасного пола, и до 20 % его потенциальных дам, особенно молодых, подаются к другим. После гона необходимость в рогах отпадает. У основания рогов, как у листьев осенью, формируется зона отторжения, и они легко отламываются.

Через 200 дней, весной, самки приносят от одного до трёх пятнистых оленят. Питание во время беременности во многом определяет возможность сыновей стать самыми сильными и доминантными. Через 20 минут после рождения детёныш может стоять, но первые четыре недели он неподвижно лежит, распластавшись в укромном месте. Олениха запоминает, где

Дом со зверями
на Чистопрудном бульваре в Москве

Фреска с изображением оленей
на стене римской больницы

оставила деток. 4—5 раз в день мать приходит кормить и тихонько зовёт, тогда оленёнок отвечает и бежит к ней. Оленье молоко очень жирное. Оленёнок лишён запаха, а все нечистоты вылизывает и съедает мать. Железы начинают работать, и запах появляется, лишь когда оленёнок начинает следовать за матерью.

У многих народов олени символизируют возрождение и силу. В сказке «Король-Олень» Гоцци король не в какого-нибудь бобра превращается, а в благородного оленя. Ветвистые рога оленей символизируют Древо Жизни. Интересно, что даже в мифологии олени продолжают объедать сакральное древо. Правда, Древо Жизни — это не свой сад, и никого порча растительности в данном случае не огорчает.

ЗАКЛИНАТЕЛИ ЧЕРВЕЙ

На газоне сидела чайка. Неожиданно она быстро затопталась на месте, наклонилась и подхватила с земли червяка. Потом опять исполнила нечто вроде чечётки, и в клюве повис огромный червь. Откуда вдруг сразу столько червей появилось на поверхности?

Дождевые черви живут в земле, одни в верхнем её слое, другие роют глубокие норки. Рот у них сверху прикрыт очень чувствительной лопастью, напоминающей хоботок. В теле основную часть занимает кишечник. Черви многое в состоянии переварить, и в этом им помогают песчинки, которые работают как жернова. Аристотель называл земляных червей «кишечником земли». «Кишечник», то есть черви, в длину бывают от 2 сантиметров до 3 метров.

Такие гиганты встречаются в тропиках. Червей удивительно много: на 1 квадратный метр луга приходится от 60 до 400 особей, а суммарный вес червей под землёй порой превышает вес пасущихся на ней животных. Дождевые черви одни из немногих, кто запросто поедает опавшие листья, затаскивая их в норку всегда узким концом вперёд. Черви аэрируют и удобряют почву, снабжая её микроорганизмами и своим помётом. Мудрая Клеопатра объявила земляных червей священными. Каждый, кто осмеливался их даже потрогать, обвинялся в оскорблении самого Мина, божества плодородия. Клеопатра знала, что запрещала: прикосновение человеческой кожи вредно для червей. Земляной червь дышит всей поверхностью тела, которое покрыто слизью. Слизь предотвращает высыхание, обладает антибактериальным действием и обеспечивает смазку, когда червь протискивается через почву. У одного вида червей на севере Флориды слизь светится загадочным зеленовато-голубоватым цветом, наверное, отпугивает желающих полакомиться. Кровь качают от 2 до 5 сердец. Глаз у червей нет, просто на верхней передней части тела расположены светочувствительные клетки, но никогда же не знаешь, кто что видит. Касание, запахи и вибрации ощущаются очень хорошо. «О червь» — восхищённо воскликнул Хлебников и был прав. Дарвин посвятил изучению дождевых червей сорок лет, и книга, собравшая «наблюдения над их образом жизни», вызвала поначалу гораздо больший интерес, чем «Происхождение видов». Дарвин играл червям на рояле, свистел в свисток и заметил, что «они находят удовольствие в еде». Один из разделов этой книги называется «Душевные способности». Почему же Дарвин так увлекался червями? Они, как ни странно, оказались малоизученными существами, которыми снова заинтересовались сравнительно недавно.

«Весна и червяка живит» — утверждает пословица. Секс происходит путём взаимного обмена, земляные черви — гермафродиты: мальчики и девочки одновременно. Таким образом, все и каждый, а не только пол, названный прекрасным, производят потомство,

100 % охват. Ответственность выбора партнёра в подобной ситуации возрастает вдвойне: как женские, так и мужские качества пассии должны в то же самое время отвечать высоким стандартам. Требуется большая предварительная работа. Кроме того, выбирать следует среди себе подобных. Сперма чужого вида подчас убивает женские органы червя. Земляные черви раз по двадцать заползают в норки потенциальных избранников, знакомясь на языке касаний и запахов. Влекущие ароматы учёные назвали весьма поэтично: в переводе на русский — «обворожин», «приманин», «соблазнин», «обольстин». Компоненты эти хорошо растворимы в воде, и, как известно не только червям, искус часто легко уплывает. Напротив, вещества, предупреждающие об опасности, остаются в почве надолго. Обычно черви точно оценивают потенцию других. После многочасовых объятий черви расстаются и каждый откладывает яйца. При этом получается, что кому-то из детей один и тот же червяк приходится матерью, а остальным — отцом. В яйца предусмотрительно добавляются пробиотики — полезные бактерии. Поясок, хорошо заметный на теле взрослых червей, обволакивает яйца белковым коконом. Забавно, что вышедшие из яиц черви ведут себя на первых порах нерешительно, как и все подростки, лишь потом остепеняются, опыта набираются. Память у дождевых червей хорошая. Живут черви от 2 до 8 лет. Дождевые черви любят общаться, они хорошо знают своих соседей, смешно, с любопытством заглядывают в их жилища. В случае засухи десятки червей собираются под землёй в клубок, что позволяет экономить влагу. Черви способны образовывать стаи, следовать за лидером. Движение надо согласовывать, и черви контактируют, постоянно трогая друг друга. Иногда путешествуют вместе, когда льёт дождь, иначе можно высохнуть, да и солнечный свет парализует. Запахи соплеменников привлекают червей, они предпочитают селиться там, где уже живут их сородичи.

Выращивание червей официально называется красиво — вермикультура. Она стала быстроразвивающейся отраслью сельского хозяйства с многомиллионными оборотами. Одних рыболовов в США, по разным подсчётам, от 50 до 90 миллионов. Черви — это не только ценная наживка. Биогумус — компост, произведённый червями, повышает урожайность на 30 %. ещё более эффективен помёт дождевых червей, копролит, производство которого быстро растёт. Из него делают водную вытяжку, которая называется «вермичай» и пользуется большим спросом. Копать червей дело нудное. Фунт червей содержит 1000 штук и стоит от 15 до 30 долларов, ясно, что не фунт изюма. Как же столько набрать? Первыми, очевидно, этот приём освоили чайки, они топают лапками. Дождевые черви очень боятся подземных вибраций, ведь их злейший враг — крот. При сотрясении грунта на определённых — вражеских — частотах все черви в панике устремляются на поверхность. Люди вбивают в землю небольшой кол и водят по нему железкой или напильником. Звук получается противный, и черви массово вылезают. Подобное занятие называется заклинанием червей. Ежегодный праздник заклинателей червей проводится в середине апреля в городе Сопчоппи во Флориде. Организуются соревнования и даже балы заклинателей червей, предоставляются стипендии. Интересная работа — заклинатель червей.

ПОЧЕМУ ЦВЕТЫ ПАХНУТ?

Цветы манят формой, цветом и ароматом. Запах — удобный способ сигнализации, растения так разговаривают и умудряются выразить многое. Одни запахи отпугивают тех, кто хочет растение съесть, а кроме того, и нахалов, собирающихся вырасти рядом, другие зовут на помощь врагов своих пожирателей. Летучие вещества предупреждают об опасности, приглашают опылителей, а также распространителей семян. Обманом тут тоже не брезгуют. Цветки некоторых орхидей по форме и запаху напоминают самок пчёл эуцер и тетралоний. Возбудившиеся самцы подлетают, а вместо желаемого оказываются вовлечёнными в секс растений. Несостоявшиеся возлюбленные поневоле переносят пыльцу на пестик другого цветка, в точности следуя рассказам взрослых в ответ на неудобные вопросы маленьких детей. Все части растения, а не только цветы, синтезируют молекулы, ответственные за запах: корни, стебли, плоды и листья. С биологической точки зрения штуку посильнее «Фауста» написал сам Гёте. В книге «Опыт о метаморфозе растений» Гёте в 1790 году предположил, что цветки произошли от видоизменённых листьев. Гёте первым ввёл термин «морфология» для описания строения растений. Считается, что сперва растения заманивали опылителей именно запахами, а разнообразные формы и окраски цветов появились уже потом.

Орхидея брассавола (Brassavola nodosa), пахнет только вечером

Опылители всякие бывают: запахи, влекущие пчёл, не прельщают жуков, слизняков и мух.

Ведущий специалист по запахам растений Наталья Дударева, выдающийся профессор университета Пердю, показала, что производство летучих компонентов — сложнейший процесс, требующий от растения значительных затрат энергии. Запах цветка состоит из множества, от десятка до нескольких сотен, составляющих. В бочке мёда, простите, приятного аромата может присутствовать ложка дёгтя, то бишь вещества, отталкивающего всевозможных любителей полакомиться.

Запах — в каком-то смысле объявление о причитающемся вознаграждении, нектаре, и цветы часто пахнут только в определённое время суток, когда активны именно их опылители. Зачем ароматы понапрасну источать? Выработка запаха регулируется внутренними часами, которыми обладает каждый организм. Встречаются и лгунишки: пахнут сладко, а нектара нет. На запах влияют состав почвы, температура, содержание углекислого газа. Цветки на одном и том же растении пахнут неодинаково. Часто говорят, дескать, в детстве цветы пахли сильнее. Так оно и было. Из-за ухудшения качества воздуха интенсивность аромата сократилась почти на 90 %. Загрязнители воздуха реагируют с молекулами запахов и их связывают. Запах не может распространиться, как бывало раньше. В результате опылителям труднее найти цветок.

Промышленное производство цветов потребовало от растений многих жертв. Цветы на срез долгое время проводят в ящиках, сопротивляясь усушке и утруске. Стебли должны быть длинными и прочными, розе желательно избавиться от шипов и радовать самыми необычными расцветками. В процессе селекции роза вобрала в себя около десятка разных видов, что улучши-

Кактус питайя цветет и благоухает исключительно ночью

ло её качества, требуемые торговлей, но аромат-то исчез. В итоге у коммерческих цветов ни сил, ни средств на синтез запаха уже нет, и они почти не пахнут. А всё-таки почему благоухание цветов нас притягивает, почему их аромат пробуждает положительные эмоции? Не для нас же они пахнут, а для опылителей. И как высказать словами всё богатство ароматов? Для их восприятия у нас около 400 генов, и многие из них схожи с пчелиными. Может, от подобной общности на генетическом уровне и сохранилась тяга к цветочным ароматам? Восприятие запахов — сложное чувство, и его трудно точно охарактеризовать, недаром оно определяется сотнями генов. Правильно говорят: на вкус и цвет товарищей нет. С цветом ещё туда-сюда, у нас всего три пигмента в глазах, а с запахами полный разнобой. Установленный факт: кое-кто говорит, что коньяк клопом отдаёт, а для других и клоп коньячком пахнет. Не все чувствуют запах фиалки, за что ответственен один ген. Большинство людей ощущают запах исключительно красных цветков вербены, а меньшинство — лишь розовых. О запахе кинзы (листьев кориандра) лучше вообще не спорить, все окажутся правы. Если кто-то толкует о непонятно откуда взявшейся нотке чёрной смородины в аромате вина, значит, просто гены иные.

Многие птицы вплетают в свои гнёзда не только листья, но и лепестки цветов. Иногда украшение гнезда — просто символ статуса, но чаще — прямая выгода. У скворцов, например, птенцы в гнезде с лепестками весят больше и живут дольше. Своеобразная ароматерапия отгоняет паразитов, и не исключено, что каким-то ещё образом благотворно отражается на потомстве. Вероятно, в подсознании мы ощущаем, что цветочный аромат несёт нам добро.

Цветы давно сопровождают людей, ещё неандертальцы клали букеты в могилы. Возможно, при зарождении сельского хозяйства красивые и ароматные цветы не выпалывали, а те, что росли неподалёку, собирали. Неожиданно цветы нашли в человеке усердного распространителя, а дальше пошли по жизни вместе. Цветы всегда активно употребляли в пищу, да и сейчас популярны розы, настурции, бархатцы, каперцы. Изысканно выглядят анютины глазки по соседству с серебристо-лиловатой селёдочкой на чёрном хлебе... «Ах, это, братцы, о другом!» Люди

издревле, конечно же, химичили, особенно шаманы и ведьмы. Ради справедливости надо заметить, что первыми использовать цветочные ароматы начали самцы орхидных пчёл миллионы лет назад. До сих пор они привлекают подруг благовониями, а запахи, собранные с разных цветков, хранят на лапках. Похоже, наука химия возникла из опытов с травами и цветочными ароматами. Первый известный истории химик — женщина по имени Таппути — жила в Месопотамии и занималась как раз экстракцией цветочных ароматов. её слава легко объяснима: запах цветов моментально делает людей счастливыми.

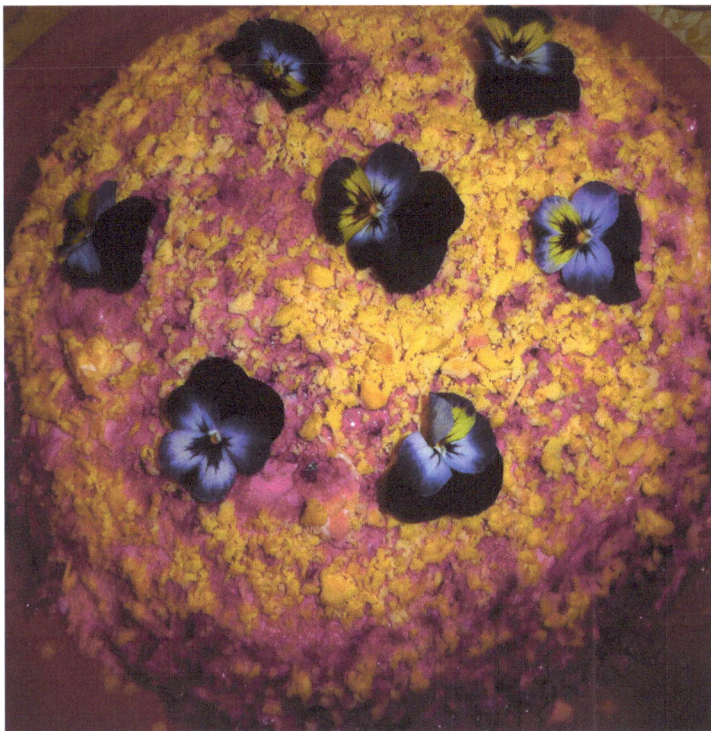

Селёдка под шубой

КТО СИДЕЛ В ТРАВЕ?

«В траве сидел кузнечик,
Совсем как огуречик, зелёненький он был.
Он ел одну лишь травку,
Не трогал и козявку и с мухами дружил».

О ком это? Обладатели длинных усов настоящие кузнечики и родственные им трубачики живут на деревьях и кустах, а питаются как козявками, так и мухами. Однако, как всегда, исключение правилу не мешает: во Флориде кузнечики одного из видов убеждённые вегетарианцы, объедающие цитрусовые. По ночам кузнечики поют тоненькими голосами, потирая одно крыло о другое. Поводов петь много: застолбить участок, отпугнуть конкурентов, привлечь прекрасный пол. Самки тихо отвечают. Трудно в зарослях различить, откуда идёт звук. Органы слуха расположены на передних лапках, и, прислушиваясь, кузнечик их поднимает. Каждый слуховой орган устроен так, что в него звук приходит дважды. Это позволяет точно определить направление. Песнями сыт не будешь, поэтому самок кузнечиков серьёзно волнует объём свадебного подарка — пакета питательных веществ в придачу к сперматофору. Некоторые самцы чуть ли не половину себя отдают, подношение иногда составляет до 20 % и даже 40 % от веса тела. После такого за песни не сразу примешься: либо серенады, либо кормёжка. У самки на конце брюшка яйцеклад, похожий на меч. Им удобно откладывать яйца в расщелины на коре или между листьев.

Обитатели лугов, которые едят «одну лишь травку», не кузнечики, а саранчовые, иначе акриды. К ним относятся саранча и кобылки. Названия не шибко благозвучные, и поэты предпочитают слово «кузнечик», а «коленками назад» относится в равной мере и к тем, и к другим. Если кузнечики пиликают на частотах до 60 кГц, саранчовые берут пониже — до 35 кГц. Один кузнечик — рекордсмен в мире животных выдаёт ноты до 150 кГц, точно враг не услышит. Саранчовые стрекочут, проводя зазубринами задней ноги по крылу. Зазубрины со временем стираются, и качество песни страдает. Некоторые виды перешли на ударные, топают задней лапкой по стеблю. У саранчовых орган слуха, в отличие от кузнечиков, на брюшке. Вблизи шумных дорог приходится усиливать низкочастотную составляющую песни. Кавалеры у многих живых существ пытаются очаровать голосом. Что же такого привлекательного находят дамы в стрекотании? По-видимому, качество песни говорит о силе и здоровье. Неожиданно выяснилось, что и люди по крику способны правильно оценить рост и силу человека. Иногда больные или неспособные стрекотать самцы сидят неподалёку от голосистых и перехватывают кадры, спешащие к искусным певцам. Время от времени следует передохнуть и навести справки о конкурентах: соседа-то услышишь, только когда замолчишь сам. Будущая мать, придирчиво пробуя почву на вкус и содержание солей, а также исследуя запах органами обоняния на коротких усиках, выбирает подходящее место и откладывает яйца, покрытые пеной. При этом важном событии нередко присутствуют один или несколько самцов: не то любопытствуют, не то прикрытие обеспечивают. Кобылки и саранча активны днем. Утром после ночной прохлады они сперва отогреваются на солнце. Кстати, солнечные ванны помогают избавиться от некоторых микроорганизмов,

Личинки кобылки-увальня чёрные

Кобылка-увалень

как горячка при инфекции. У саранчовых два больших глаза и три маленьких. Полезно глядеть на мир разными глазами. Тело насекомых покрыто хитиновым панцирем — кутикулой. У нас скелет внутри, у них — снаружи, как доспехи у рыцарей. Кутикула — один из самых прочных биоматериалов, сравнимый по прочности с рогами и древесиной. «Крылышкуя золотописьмом тончайших жил» (В. Хлебников), саранча пролетает десятки километров. Нежная прозрачная перепонка благодаря жилкам не рвётся, и вся конструкция очень лёгкая. Задние ноги, укреплённые твёрдой кутикулой, неимоверно сильные.

Обычно саранча предпочитает уединение, но ведь известно, что нашествие саранчи — Восьмая казнь египетская. Что происходит? Оказывается, скопление саранчи в одном месте вызывает кардинальные изменения. «...Чувствую локоть / ...Здесь первые на последних похожи / И не меньше последних устали быть может /...Связанными одной целью». Толкание локтями, простите, коленками, уже через несколько часов приводит к изменению работы генов и превращению индивидуалистов в стадо. Окраска становится яркой. Возрастает содержание гормона серотонина, который у нас, кстати, повышает настроение, а к тому же меняет восприятие вкуса пищи. Стая летит в поисках лучших мест, уничтожая всю растительность. Привередливые в еде одиночки делаются обжорами, смалывающими всё подряд, включая стебли кукурузы и рубашки, пропитанные потом. В туче саранчи насекомые умудряются друг с другом не сталкиваться. ещё Фрейд говорил, что в толпе действуют подсознательные инстинкты. По крайней мере у саранчи в стае сигнал от глаз идёт прямо к крыльям, минуя мозг. В скоплении саранчи однажды насчитали около 3,5 триллиона особей, каждая съедала по 2 грамма пищи в день. Живёт стадная форма саранчи короче, чем одиночная, и постепенно переходит в некоммуникабельную фазу. Последнюю стаю саранчи в США видели в 1931 году.

Во Флориде обитает красивая жёлто-оранжево-розовая с чёрным короткокрылая кобылка-увалень. Она неспособна летать, а если её взять в руки, шипит и плюётся коричневой жидкостью. Чтобы стать несъедобной для других, кобылка-увалень ест ядовитые растения. Выращенные на салате кобылки совершенно безвредны. Во многих странах саранчовые считаются лакомством. В изобразительном искусстве отшельники в пустыне все как на подбор крепкие мужчины. Никакого чуда в том нет, в старину они питались мёдом и акридами, то есть саранчовыми. На единицу веса акриды содержат в 1,5 раза больше белка, чем говядина, и много омега-3 кислот. Высокие показатели весьма воодушевили ООН, и она теперь призывает всех следовать примеру отшельников и лягушки, которая «съела кузнеца». В Древней Греции кобылки служили символом урождённых афинян, которые гордо украшали броши, гребни и кольца изображениями акрид. Нечаянно кобылка прилипла к славе Ван Гога. На картине «Оливковые деревья» художник, очевидно, не заметив, утопил её в мазке. У индейцев насекомые «коленками назад» пророчат радостную весть.

ГОЛИАФ

«И взяли Иону и бросили его в море», где Иону проглотила огромная рыба. Позже он вспоминал: «Объяли меня воды до души моей». Кто же проглотил Иону? Киты, которые в те времена считались рыбами, не подходят: зубатые киты разрывают, а усатые киты процеживают. Китовая акула вообще впускает внутрь исключительно мелочь, всё, что покрупнее, она откашливает. Остаётся

групер: у него огромный рот, и, когда он открывается, создаётся мощная всасывающая воронка. Добыча поглощается целиком, что и произошло с Ионой. Микеланджело на фреске в Сикстинской капелле изобразил Пророка Иону рядом с рыбой, отдалённо напоминающей как раз групера. Одни виды груперов яркие, другие окрашиваются в цвет дна. Всего насчитывается до 160 видов разных груперов. В водах Флориды обитает около 20 видов. Они принадлежат к семейству каменных окуней. Каменные потому, что они живут поблизости каменистого дна. Груперы любопытны и бесстрашны. Поведение их описывал ещё Аристотель.

Все груперы рождаются девочками. Они подрастают в течение 5–7 лет, укрываясь в мангровых зарослях, а затем перебираются на коралловый риф, где живут до 50 лет. Те, кто покрупнее, превращаются впоследствии в самцов, и поэтому эти рыбы называются последовательными гермафродитами. Из самца в самку обратного хода нет. Изменения у многих рыб зависит от обстоятельств, скажем, мужского пола в окрестностях не оказалось. Как известно, «бытие определяет сознание», и мозг в ответ на условия «бытия» вырабатывает гормоны, которые влияют на работу генов. Самка обзаводится семенниками. С июля по сентябрь в полнолуние более сотни груперов собираются вместе для продолжения рода. Они активно переговариваются. «Всяк своим голосом поёт» — гласит пословица. У каждого вида груперов свой голос. Послушаешь, так просто какое-то хрюканье, скрежет или хрип. Но, как заметил А. Пушкин, «Мой голос для тебя и ласковый и томный. / Тревожит позднее молчанье ночи тёмной». Вода — благодатная среда, звук в ней распространяется в пять раз быстрее, чем по воздуху, и слышен за много миль, всё равно как разговоры по телефону. На поверхность проникает лишь 10 % звука, поэтому люди думали, что под водой царит тишина, а рыбы немые.

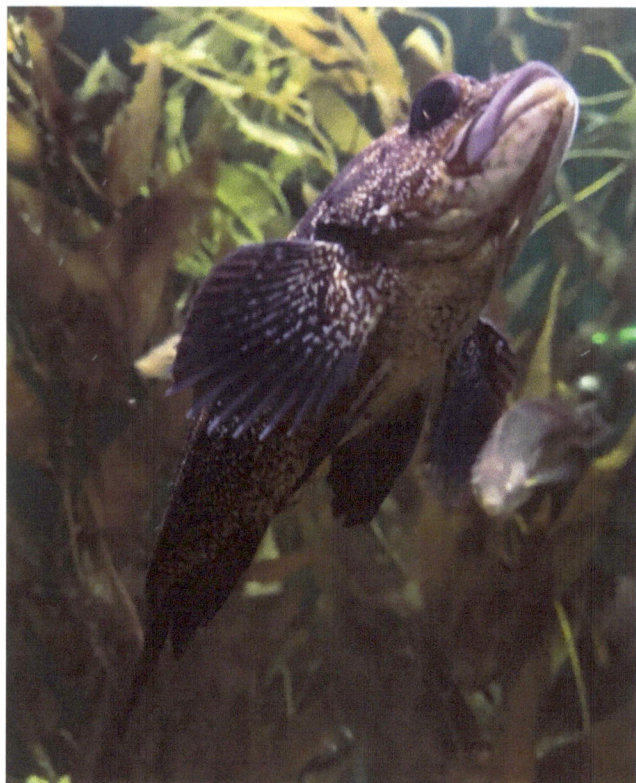

Груперы охотятся на открытом пространстве, а кругом столько норок, куда рыба может спрятаться. Некоторые груперы привлекают напарников, осьминогов и мурен, специалистов залезать в щели. Групер подплывает к укрытию мурены и трясёт головой из стороны в сторону. Мурена не всегда с первого раза понимает. Приходится проявлять настойчивость — групер повторяет странное движение. Потом они вдвоём плывут бок о бок на место охоты. Мурена ловит добычу в расщелинах. Если жертва выскакивает, она попадает в рот к груперу. Групер оценивает мурену в деле и впоследствии охотится только с надёжными партнёрами.

Еда переваривается, и моча, богатая азотом и фосфором, не пропадает зря, а удобряет риф. Кораллы таким путём получают до 50 % необходимых веществ. Красный групер буквально создаёт целую экосистему. Он активно расчищает дно от песка и ила. Образуются ямы до 5 метров в поперечнике и нескольких метров глубиной, в которых селится множество живности. Некоторые служат пищей самому груперу, другие, например рыбы губаны и креветки-чистильщики, избавляют групера от паразитов, порой забираясь к нему прямо в рот. За полвека вылов груперов увеличился на 1600 %, и их численность упала на 90 %. На икрометание стало собираться не более десятка рыб. В 1990-х годах некоторые виды груперов, включая гигантского и нассауского, взяли под охрану закона. Если групер попался на крючок, его следует отпустить. Фотографировать разрешается, но вытаскивать рыбу из воды нельзя. Подъём на лодку серьёзно ранит групера, и он считается пойманным. За последние годы численность гигантских груперов выросла на 2–4 %. Груперы отнюдь не съедают всю рыбу, которая могла бы попасться на удочку. Напротив, при наличии груперов остальные рыбы становятся крупнее, кораллы не зарастают водорослями, риф оздоравливается. Всё в Природе взаимосвязано, и исчезновение груперов влечёт за собой обеднение животного мира. Груперы — ценная рыба, и их научились разводить на фермах в прудах, производя за 8 месяцев до 200 тонн с гектара.

Гигантский групер, или гуаса, называется также голиафом. Ловили голиафов размером до трёх метров и весом почти полтонны. Флоридский рекорд — 305 килограммов (680 фунтов). Аквалангисты сообщали, что видели груперов длиной от 4,5 до 6 метров. Кстати, рост Голиафа, которого победил Давид, по разным источникам был от 2 метров 6 сантиметров (6 футов 9 дюймов) до 2 метров 97 сантиметров (9 футов 9 дюймов), так что морские голиафы даже побольше оказываются. Во Флориде однажды засняли, как групер слопал акулу размером 1,2 метра (4 фута). Если учесть, что в библейские времена средний рост мужчин на Ближнем Востоке составлял 1 метр 66 сантиметров (5 футов 5 дюймов), то вполне возможно, что Иону когда-то проглотил именно групер голиаф.

ЖЁЛТЫЙ ПЁС

Однажды в 1970-х годах в Южной Каролине на свалке подобрали жёлтого щенка. Вскоре оказалось, что по повадкам он сильно отличается от других собак, а внешне — копия дикой собаки динго. И тут хозяева вдруг вспомнили, что стая точно таких же диких жёлтых собак живёт в окрестных лесах. Они хорошо знакомы местному населению, которое их издавна называло *yaller dogs*, но как-то не задумывалось, что часто случается, откуда они взялись. Охотники потихоньку использовали их для охоты на дичь, где эти собаки превосходно себя зарекомендовали. Учёные заинтересовались жёлтыми собаками, обитающими в Джорджии, Северной Флориде и Южной Каролине. Диких жёлтых собак начали изучать и разводить. По месту первой находки их назвали Каролинская собака. В отличие от бродячих собак всех цветов и размеров, потомство каролинских собак совершенно однородное и всегда выглядит так же, как их родители: жёлтого или бежевого цвета с большими лапами и длинными стоячими ушами, которые поворачиваются в разные стороны вроде радаров, а хвост загибается наверх. Эти собаки роют норы и, как кошки, зарывают экскременты. Они ловят мышей и крыс, как лисы, мышкованием: долго вслушиваются, а потом подскакивают и прыгают сверху на добычу. Псы по натуре очень сдержанны и любят жизнь в стае. К зиме шерсть у них становится заметно гуще. Каролинские собаки ловко охотятся на ядовитых змей: хватают их за хвост и резко подсекают в воздухе, как будто бичом щёлкают. В грязи каролинские собаки носом копают ямки, не очень понятно для чего. Заводчики, выращивающие собак, вовремя начали свою работу. В последнее время число диких каролинских собак резко пошло на убыль. С одной стороны, их начали вытеснять койоты, продолжающие стремительно распространяться на юго-восток, а с другой — человеческие поселения наступают. Жёлтых собак одно время усиленно отлавливали как бродячих. Кто же такие эти жёлтые псы?

Первые люди пришли в Америку по Берингову перешейку около 17 тысяч лет назад, когда собак, по-видимому, ещё не одомашнили. Вот так и прожили они всю жизнь без собаки, как жаловался Малыш Карлсону. Первое известное захоронение собаки в Европе появилось 15 тысяч лет назад. Самое древнее захоронение пса в Америке относится к 9 тысячелетию до нашей эры. Могилы, а не остатки костей в куче отбросов, свидетельствуют об отношениях человека и собаки. Потом, конечно, всякое случалось, как и всегда в тесном контакте, но собаки распространились по всей Америке.

А что в это время происходило на других континентах? Собаки жёлтого цвета, как в романе Сименона «Жёлтый пёс», появляются там, где проходили их хозяева. Дикие собаки в разных концах мира удивительно похожи друг на друга: басенджи — в Африке, ханаанская собака — на Ближнем Востоке, собаки-парии — в Индии, их отметил Киплинг в «Маугли», поющая собака — в Новой Гвинее и динго — в Австралии. Собаки произошли от волка, но не от всем известного современного серого волка, а от вымершего вида волка, который, вероятно, был рыжим. Очевидно, не все волки подходят для одомашнивания. Вообще, что такое одомашнивание? В 1959 году новосибирский генетик Дмитрий Беляев начал свои, ставшие классическими опыты по одомашниванию лис. Эти исследования совместно с Новосибирском с успехом продолжаются в Америке. Для одомашнивания необходим спокойный нрав. Только по этому признаку Беляев и отбирал лис. За несколько поколений у животных проявились небывалые ласковость и дружелюбие. С подобными качествами в одиночку на воле не выжить: «Ты всегда будешь в ответе за того, кого ты приручил», говорил Лис Маленькому Принцу и был абсолютно прав. Люди тоже не остались прежними, и нам без тех, кого мы приручили, отныне невозможно. Домашние собаки несут мутацию в гене, ответственном за общительность. Схожая мутация, описанная у человека, считается аномалией и признаком умственной отсталости, а у собаки, впрочем, как и у всех остальных, она нам даже нравится. Когда одомашненные собаки приспособились к жизни без людей, они стали проявлять характер своих предков. Наверное, собаки, одичав за многие поколения, вернулись к обличию своего пращура, рыжего волка, сохранив, кстати, хвост бубликом от домашнего пса. Динго и поющие новогвинейские собаки не годятся теперь для совместной жизни с человеком, отвыкли, у них иные рефлексы. У басенджи, динго и новогвинейских собак изменилась гортань, они не лают, а воют совсем не так, как обычные собаки, отчего новогвинейскую собаку и прозвали поющей. Волки и собаки, подрастая, проходят так называемый период запечатления страха. Пожалуй, у человека он тоже имеется. В критический отрезок жизни детёныш осознаёт, что происходит вокруг, кто он, кто свои, а кого следует опасаться. У волка это время длится 4 недели, а у собак до 4 месяцев. Поэтому-то и удалось приучить к дому жёлтого щенка, когда-то найденного на свалке в Южной Каролине. Дрессировать каролинских собак сложно, но возможно, в отличие от динго, которые просуществовали самостоятельно в дикой природе по крайней мере 5000 лет. Каролинские собаки провели несколько сотен лет сами по себе. Это не первые собаки, появившиеся на Американском континенте. Генетический анализ выявил, что у каролинских собак сохранилось лишь от 5 до 35 % генов первых американских собак.

Недавно Американский клуб собаководства (*American Kennel Club*) зарегистрировал Каролинскую собаку как отдельную и новую породу, иногда её называют американский динго. Как будто про каролинских собак писал С. Маршак: «Нет, я не волк и не лиса / Вы приезжайте к нам в леса, / И там увидите вы пса».

ВОЛОВЬЯ ПТИЦА

«**К**у-ку, товарищи, ку-ку» — не услышишь в Америке. Местные кукушки кричат: «У-у-у», вьют гнёзда и сами выкармливают птенцов. Тем не менее свято место пусто не бывает и яйца чужим подбрасывают воловьи птицы. Их легко увидеть в одной стае с дроздами или скворцами. У самцов чёрное тело и коричневая голова, самки серые. Воловьи птицы нередко следуют за бизонами или коровами, склёвывая насекомых, отсюда и название. Считается, что паразитировать воловьи птицы начали оттого, что им негде строить гнёзда, они идут за стадом, а яйца в крапинку просто подсовывают самым разным птицам, не очень заботясь о сходстве. Многие птицы умеют считать, и, прежде чем отложить своё, самка воловьей птицы выкидывает одно яйцо из гнезда. Яйцо она откладывает моментально, за 40 секунд, тогда как у птиц, как правило, не менее 20 минут уходит. Для успешного размножения воловьи птицы должны сочетать в себе способности разведчиков, мафиози и несушек-рекордсменок. Сперва самка выслеживает, куда летят птицы с материалами для гнезда. Тяжёлая жизнь у паразита — не так много птенцов выживает, за лето приходится производить 30—40 яиц. Птицы по-разному реагируют. Пересмешники, едва завидев воловью птицу, объединяются и гонят её прочь. Однако если яйцо уже отложено, спокойно его принимают. Другие птицы настилают поверх отложенного новое гнездо и снова несут яйца. Третьи выкидывают навязанное яйцо, но подобные действия часто наказуемы. Самка воловьей птицы, увидев, что её потомство отвергли, как заправский мафиози, мстит и разрушает гнездо. Многие после такого смиряются и в следующий раз не возражают. Аналогичное поведение отмечается в Сальвадоре, где члены банд подбрасывают своих детей на воспитание заранее выбранным «нянькам». Документов у таких детей, соответственно, нет, но все, включая местные власти, закрывают на это глаза — боятся. Как и члены банды, самка воловьей птицы всё время проверяет, хорошо ли ухаживают за её детёнышем, иногда и голос подает. Если приёмные родители оказываются старательными, она потом выбирает их и к ним подкладывает яйца, в которых больше питательных веществ, чем в остальных. Обычная проблема вкладчика, приходится решать, как распределить ресурсы: в рискованные места средств поменьше, в надёжные — побольше.

Птенец воловьей птицы вылупляется раньше сводных братьев и сестёр. В отличие от кукушонка он не избавляется

Самец воловьей птицы

Самки воловьей птицы

от них. Ведь чем громче кричать, тем родители усерднее корм носят, а хором получается лучше, и еды в итоге больше. Птенцы не просто вопят, как получится. Высиживая яйца, наседка издаёт специальный звук — пароль данного гнезда. Птенцы включают его в свой крик, и родители, подлетая к гнезду, тоже используют этот условный сигнал. Давно известный феномен: и у козы с козлятами имеются определённые слова, сказанные особым голосом. «Козлятушки-ребятушки, / Отопритеся, отворитеся, / Ваша мама пришла, / Молочка принесла». Тем не менее птенец воловьей птицы от рождения знает, что он предназначен для иного. Его мозг уже настроен на позывные воловьих птиц. Дюймовочка, например, всегда чувствовала, что майский жук ей совсем не пара, а она принадлежала к эльфам, хотя даже не подозревала об их существовании. Птенцы воловьих птиц выделяют тех, кто выглядит как они. Не зря, наверное, родная мать вертится где-то неподалёку. Как волка ни корми, он всё в лес смотрит. Подросшие воловьи птицы, наоборот, лес не любят и стараются поскорее улететь в поле и найти своих. Если их насильно удерживать, через какое-то время они теряют свою «самость» и начинают ассоциировать себя с приёмными родителями.

Молодые воловьи птицы сперва держатся вместе, а затем вливаются в местное общество. «Что миром положено, тому и быть так» — гласит пословица. Воловьи птицы следуют этому правилу. Птицы в стае регулируют поведение друг друга. Регулировать (по-латыни *regula* — мерка, линейка) означает направлять, упорядочивать. Как у молодых сложится, зависит от окружения. Большинство птиц учит свои песни ещё в гнезде, а воловьи птицы осваивают их на втором году жизни. Кроме песен следует научиться, как себя вести. Самцы, чтобы выяснить, кто главней, садятся по трое-четверо в круг, задирают клювы, раскрывают крылья. Обычаи везде немного разные, да и влияние взрослых неодинаково. Установленные правила нарушаются, если меняется возрастной состав или даже если самки вдруг туги на ухо. Взрослые оказывают важное и благотворное влияние. Именно от них молодые учатся, как правильно ухаживать за дамами. В молодёжной стае царит анархия нравов. Присутствие юнцов, в свою очередь, подзадоривает взрослых самцов. После установления иерархии все помнят, кто есть кто. Самцов обычно больше, чем самок. Очаровав пассию, он пытается её удержать при себе, а супруга, наоборот, склонна на сторону заглядываться. Самки предпочитают местные манеры и иные напевы не принимают. Умелое ухаживание вдохновляет женский пол и значительно повышает яйценоскость. Живут воловьи птицы около 16 лет. Раньше они обитали в западной и центральной части США, но по мере вырубки лесов и увеличения открытых пространств распространились до восточного побережья, и теперь их насчитывается около 120 миллионов.

СИЯЮЩИЕ ГРЕБНЕВИКИ

Венера, она же Афродита, родилась из морской пены с поясом на чреслах. Почему же такой мастер, как Боттичелли, отступил от действительности и изобразил богиню нагой? Дело в том, что венерин пояс совершенно прозрачный и на бёдрах абсолютно невидим.

Венерин пояс обитает в морях и океанах. В длину он достигает полутора метров, а в ширину 8 сантиметров. По одному краю прозрачной ленты венериного пояса идут мерцающие реснички, а другой светится лазоревым. Рот находится посередине, перед ним два разветвлённых липких щупальца. Венерин пояс изящно изгибается, иногда сворачивается в кольцо и безостановочно ест. Ну, а если что, быстро удирает одним концом вперёд, извиваясь, как змея. Венерин пояс принадлежит к гребневикам, удивительным древнейшим существам. Отдалённо гребневики напоминают медуз, тоже

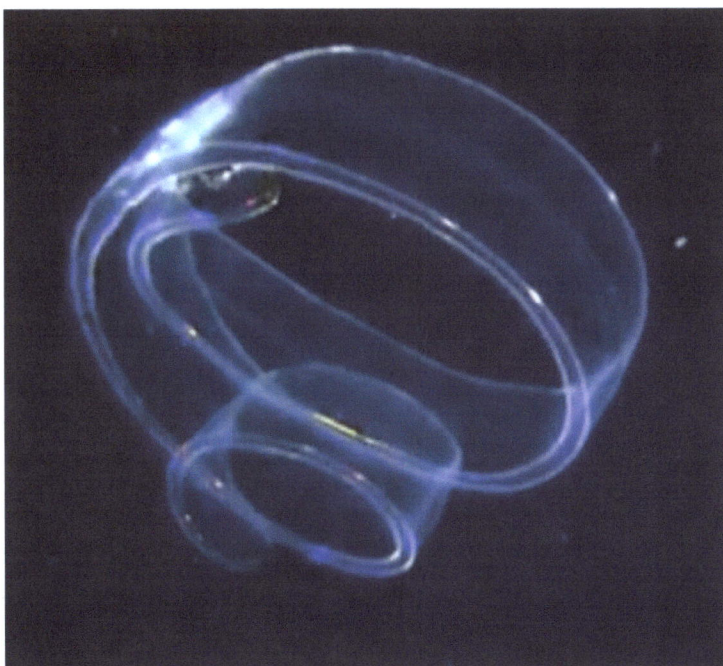

Пояс самой Венеры (Венерин пояс, Venus girdle)[1]

[1] By Dan McGanty — screenshot from Kona Black Water Diving video

Гребневик[1]

прозрачных и желеобразных, хотя они даже не родственники. На 95 % гребневики состоят из воды, про них иногда шутят, что это слегка организованная вода. Просто чудо, что такая вода смогла превратиться в окаменелость: найдены ископаемые гребневики, возраст которых приближается к полумиллиарду лет. Лишь немногие гребневики лентообразные, как венерин пояс, большинство по форме напоминают яйцо или колокольчик. Иные гребневики сидят на дне, на кораллах и раковинах моллюсков и усердно имитируют их цвета, стараясь не выделяться. Вода служит внутренним скелетом, сообщая гребневикам упругость. Своё название гребневики получили от рядов слившихся ресничек, похожих на гребёнку, которые идут вдоль тела, образуя 8 рядов вёсел, гребных пластинок. Согласованные взмахи гребных пластинок передвигают их обладателя в нужном направлении. Гребневики — единственные многоклеточные животные, для передвижения использующие реснички, как инфузории. У людей подобные реснички находятся в лёгких, откуда они с успехом выталкивают пыль и микробов.

Гребневик не так прост, как кажется. Число генов у него ненамного меньше, чем у человека. Гребневики меняют содержание воды в теле и регулируют таким образом плавучесть. В органе равновесия, расположенном на стороне, противоположной рту, находятся всё те же реснички и кристаллик извести. Когда гребневик наклоняется, кристаллик перемещается с одного бока на другой, и реснички это чувствуют. Рядом — клетки, реагирующие на свет. Гребневики ощущают вкус и определяют состав воды. Нервные клетки соединены в сеть, концентрирующуюся вокруг органа равновесия и гребных пластинок. Химия нервной системы неожиданно оказалась иной, чем у всех других животных. Например, гребневики начисто лишены адреналина. Как всем известно, колесо изобретают редко, а велосипед — часто. Природа ведь тоже повторяет удачные находки: скажем, прекрасные глаза одинаковой формы наблюдаются у медуз, у моллюсков и у нас. Наверное, нервная система и мышцы, приводящие тело в движение, неоднократно возникали на Земле из какой-то неожиданной мутации. Возможно, гребневики пошли другим путём по эволюции, причём весьма успешно, размножаясь иногда в невероятных количествах.

Гребневики непрерывно поглощают планктон, мальков, рачков, медуз и других гребневиков. За день они способны съесть пищу, в 10 раз превышающую вес их тела. К добыче гребневики клеятся, в буквальном смысле. Тысячи клеток на щупальцах гребневиков производят отличный подводный клей. Гребневики не обжигают, как медузы. Правда, один из видов гребневиков охотится на медуз, а их стрекательные клетки выставляет на щупальцах для своей защиты. Благодаря биению ресничек, разбивающих завихрения воды, гребневик подкрадывается незамеченным. Гребневики бероиды лишены щупалец и раскрывают гигантский, больше живота, рот, накрывая жертву. Как говорится, была бы глотка, а к ней живот, только вот головы нет. Реснички разрывают проглоченное на куски. Гребневик прозрачен, как здания в романе Замятина «Мы»: «Нам нечего скрывать друг от друга» — утверждали их обитатели. Однако даже гребневикам иногда приходится скрывать. Гребневики, живущие в тёмных глубинах, неожиданно бывают окрашены в красный цвет. Этот пигмент проще синтезировать, чем чёрный. Парадоксально, но в темноте красное выглядит чёрным, делая гребневика невидимым. Гребневики — гермафродиты, они сочетают в себе оба пола. В крайнем случае для продолжения рода мучительные поиски второй половины не обязательны. Тем не менее разнообразие необходимо для выживания. Каждый день гребневики плодятся, выпуская в воду сперматозоиды и тысячи яйцеклеток, которые в случае встречи сливаются. Некоторые виды заглатывают оплодотворённые икринки и вынашивают их внутри. Если еды недостаточно, гребневики забывают о размножении и значительно уменьшаются в размерах до лучших времён.

В конце 1980-х годов гребневик мнемиопсис с судовой балластной водой попал в Чёрное море, где принялся уничтожать и без того уже обедневшие рыбные запасы. Катастрофа казалась неминуемой, но враг не дремлет. К счастью, тем же путём в Чёрное море проник гребневик берое, который как раз мнемиопсисами питается. Гребневики появились также в Каспийском, Азовском и Балтийском морях. Недаром существует предположение, что половина всей массы живности в океане — это нечто желеобразное.

Гребневик — красивое и завораживающее зрелище. Прозрачный гребневик — мастер световых эффектов. Он ярко переливается отражённым от рядов ресничек светом, создавая эффект неоновой лампы, по которой бежит радуга цвета. В случае опасности тело гребневика внезапно вспыхивает, как голубая звезда. В прибрежных водах Флориды гребневики чаще встречаются зимой. Около мыса Канаверал в Тайтусвилле на Индиан Ривер проводятся ночные экскурсии на лодках. Биолюминесценция предстаёт там во всей своей волшебной красе.

СТРЕЛЫ АМУРА И ТРУДНОСТИ «ЛЕВИЗНЫ»

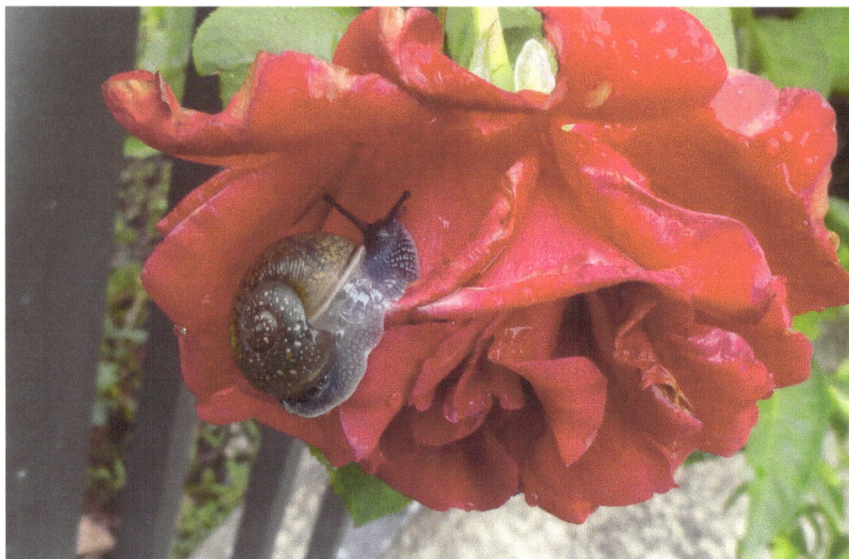

Бог Амур, как ни странно, пускает свои стрелы совершенно платонически. В случае попадания сексом занимаются другие. В Природе всё совсем не так: кто стрелы пускает, тот и преуспевает. Злые языки утверждают, что древние греки снабдили бога любви стрелами, насмотревшись на улиток, но обо всём по порядку.

Улиткам мчаться некуда, их медлительность стала нарицательной. «Улита едет, когда-то будет» — гласит народная мудрость. Маяковский писал: «Радость ползёт улиткою». Учёные замерили, и оказалось, что скорость улитки — 10 метров в час, а коли она несётся на всех парах, то аж до 40 метров в час получается, но «нет, торопиться не надо». Далеко от еды улитка не удаляется, обычно спит в корнях растения, где питается. Еду улитка не жуёт, а натирает на своём язычке — радуле с сотнями крепчайших мелких зубчиков. Некоторые улитки поедают грибки, паразитирующие на растениях. В частности, необычайно яркие, будто художником расписанные, кубинские улитки полимиты поглощают плесень на цитрусовых деревьях. После еды улитки отдыхают, спят. Когда на земле много хищников, улитки забираются на деревья. У улиток имеется мозг, и они подвержены стрессу, причём после тяжёлых переживаний память улиток ухудшается. К сожалению, здесь они не исключение. Органы зрения и обоняния у улиток расположены на щупальцах — рожках. Они могут сокращаться, пряча глаза. Улитки, похоже, не слышат, зато хорошо ощущают вибрации. Одна нога, которая называется подошва, растёт прямо из брюха, поэтому улиток причислили к классу брюхоногих. На подошве расположены железы, вырабатывающие слизь, на 91−98 % состоящую из воды. Улитка без вреда ползает по острым предметам, так как слизь предохраняет от порезов. Вообще слизь производится для разных нужд: смазка, клей, опознавательные сигналы, антибиотики и другие биологически активные вещества. ещё в древности заметили врачующие свойства слизи. Если улитка чувствует опасность, целебных компонентов в слизи заметно прибавляется, но, чтобы их количество существенно возросло, улитку надо достаточно сильно напугать. Похоже, особенно удачно улиток научились пугать в Южной Корее. Корейская косметика на основе слизи улиток заслуженно пользуется большим спросом во всём мире.

Улитки возят свой домик на себе. От него и пошло название: «улей» означало «домик». Домик не простой, а закрученный, и не абы как, а в логарифмическую спираль, где каждый виток больше предыдущего, почему-то не к месту вспоминается «Болеро» Равеля. Закрученная в конус турбоспираль делает раковину гораздо прочнее простой крыши. Логарифмическая спираль часто встречается в природе. Такую форму имеют, кстати, ураганы, налетающие на Флориду. Когда спираль раковины дорастает до определённых размеров, улитка начинает укреплять и утолщать её устье. В случае повреждения улитка раковину латает. Некоторые улитки научились обороняться, яростно размахивая раковиной. Длина раковины у разных видов улиток составляет от 0,8 миллиметров до 30 сантиметров. Гигантские улитки ахатины из Африки весят до 900 граммов. Во Флориде часто выпускают экзотических животных: дважды завозили и ахатин. Они невероятно быстро плодились, уничтожали все растения подряд и даже пожирали штукатурку. Борьба с ними велась серьёзная, в итоге, собрав 164 тысячи огромных улиток, от них избавились.

Улитки — и мальчики, и девочки одновременно, то есть гермафродиты. Не всем по нраву размножаться самим с собой, к тому же для рождения здорового потомства требуется напарник. Прикосновения и волнующие запахи, которые носятся в воздухе, играют решающую роль в окончательном выборе. Любовный танец длится от 2 до 12 часов, улитки не спешат. Дальнейшее вроде бы ожидаемо, но только не у улиток. В придачу ко всему они пуляют друг в друга настоящими стрелами, вылетающими из специального мешка. Стрелы сделаны из извести. Любовь порой жестока, да и Амур меткостью не отличается, лупит, куда попало. Никто никогда не подсчитывал число погибших от стрел любви, а вопрос-то серьёзный.

У улиток стрелы любви пронзают иногда внутренние органы, и у поражённых стрелами земной путь на четверть укорачивается, а всего им отпущено от 2 до 25 лет. Зачем тогда такая любовь? Этому нашлось объяснение: стрелы смазаны, нет, не ядом, а гормоном, повышающим эффективность оплодотворения. У девственных улиток стрел нет, они накапливаются с опытом.

Одинокого левозакрученного Джереми нашли однажды в Лондоне на компостной куче. Его передали в лабораторию, и генетики оповестили научные круги, что ищут для Джереми соответствующую пару. Ведь у подавляющего большинства улиток раковины завинчены вправо, и левые уклонисты встречаются крайне редко. А у инозакрученных улиток возникают проблемы с интимными отношениями, где даже Камасутра бессильна, женилка не с той стороны, и всё тут. Люди фактически тоже, не отдавая себе отчёта, несколько односторонние. Мы несимметрично обнимаемся, поднимая сперва правую руку, и целуемся, склонив голову направо. Партнёр для Джереми никак не находился. В дело вмешалась Всемирная служба Би-би-си и объявила о поисках на весь свет. Джереми прислали четырёх кандидатов, которым он как-то не приглянулся.

Вновь прибывшие бурно увлеклись друг другом, не обращая на Джереми внимания. Однажды утром Джереми нашли мёртвым. Жизнь тем не менее полна неожиданностей, и вскоре выяснилось, что он, не успев изведать радости материнства, всё-таки стал отцом: одна из привезённых улиток произвела на свет два десятка детей Джереми.

БРАЖНИК

Бабочки бражники не бражничают, как утверждает название. Они потребляют нектар, безалкогольный напиток богов, который состоит в основном из сахара. Подсчитано, что за день в пересчёте на массу тела бражники выпивают эквивалент 80 банок кока-колы. Нездоровая еда, поэтому бражник превращает избыточные сахара в полезные молекулы антиоксидантов — вот бы нам так. Нектар в растениях припрятан, и порой очень глубоко. Чтобы его достать, приходится сперва извозиться в пыльце, а потом перенести её на другой цветок, собственно, ради чего синтез нектара и затевался. Нектар и ароматы — дело тонкое. Растения тратят много сил на их производство, и всё для того, чтобы пьющий нечаянно подхватил пыльцу. Что поделать, семян в цветках, лишённых запаха, образуется меньше. Таким образом, у растений наблюдается не обольщение прекрасного пола, а соблазнение

Бражник (Pachylia ficus) с загадочным названием «рис сфинкса»

разносчика. Бражники тянут нектар через хоботок, как через соломинку. У иных хоботок достигает 30 сантиметров и более чем в 4 раза превышает размеры тела. Пачкаться не всем охота. Бражники часто сосут, не садясь на цветок, — длины хоботка хватает. Такие насекомые называются жуликами. Встречаются и настоящие бандиты, например иные шмели. Они просто прокусывают нектарник и опустошают всё его содержимое. В итоге жулики вкупе с бандитами (термины из научной статьи) поставили под угрозу размножение североамериканской орхидеи, числящейся в Красной книге. Цветы привлекают бражников как запахами, так и испарениями. Бражники обладают гигрометрами, а влажность около цветка с нектаром повышается на 4 %. Некоторые бражники, насладившись нектаром, откладывают яйца непосредственно на том же растении. Неблагодарность не остаётся безнаказанной, растение чуть меняет форму молекулы запаха, что сразу начинает привлекать ос, паразитирующих на гусеницах. Самки тоже чувствуют опасное изменение аромата и уже там не задерживаются. Бражники движимы не только инстинктами, они умеют обучаться.

Бражники активны ночью, но кто-то кормится днем. Пить, зависнув над качающимся от ветра цветке, точно попадая в узкую трубку нектарника, — дело неимоверной сложности. Одного зрения для управления полётом недостаточно. У бражников в усиках-антеннах расположены органы, определяющие положение тела, наподобие гироскопов в самолётах. Сигнал от них идёт в мозг в 1000 раз быстрее, чем от глаз. Узкие крылья бражников машут со скоростью 25–80 ударов в секунду, в то же время описывая восьмёрку. Передняя жилка крыла неподвижна, а остальная его часть выгибается. Бражники и задом наперёд летают. На такие маневры тратится во 100 крат больше энергии, чем для обычного полёта. Зависать способны не только бражники, но и колибри, летучие мыши, мухи-журчалки, так что люди с изобретением вертолёта оказались на 5 месте. Бражники развивают скорость до 12 миль (19,3 км)/час, а с попутным ветром до 62 миль (100 км)/час выходит. Не диво, что с подобными лётными качествами бражники мигрируют. Во Флориде они перебираются с юга на север и обратно. В Евразии путешествуют через горы и моря, перемещаясь, например, из Индии в Якутию. В отличие от птиц у бабочек на перелёт уходит вся жизнь. Возвращается другое поколение, где нет никого, кто помнит обратный путь.

Чего от бабочек никто не ожидал, так это разговорчиков. Правда, царя Соломона и царицу Белкис из сказки Р. Киплинга «Мотылёк, который топнул ногой» это бы нисколько не удивило. Бражник издаёт звуки причинным местом и шепчет своей пассии на частоте 20–60 кГц. Почему шепчет, а не кричит о любви во весь голос? Чтобы злейший враг ночных бабочек — летучая мышь не услышала. В ответ на эхолокацию летучей мыши бражники издают громкий сигнал на тех же частотах и, таким образом, забивают вражеский радар. Водители используют этот приём в противостоянии с дорожной полицией. Даже инструкция в интернете прописана: «Как одурачить радар ГИБДД, практическое управление». В инструкции правильно отмечается: «Очевидно, что чем малошумнее радар, тем труднее детектору заблаговременно уловить его излучение и не принять это излучение за помеху». Эту же тактику пытаются теперь применить в борьбе с дронами. Кроме всего прочего, тело бражников покрыто чешуйками, напоминающими густой мех, который поглощает ультразвук эхолота летучих мышей.

Из отложенных яиц через 1–3 недели выходят прожорливые гусеницы, они быстро растут и объедают табак. В итоге от гусениц так разит табачищем, что желающих ими полакомиться мало. В организме гусениц никотин нейтрализуется, весь вред только снаружи. Гусеницы, защищаясь, отрыгивают вонючую жидкость, шипят, клацают челюстями, да и укусить могут. Через 3–4 недели они закапываются в землю и там окукливаются. Самкам нужно нагулять тело, чтобы отложить побольше яиц, и они окукливаются позже самцов. Через 3 недели из куколки выходит бражник. Молодая бабочка, прямо как из ИКЕА: всё не доделано. Крылья накачай, все жилки на них расправь, хоботок собери из двух составляющих (прилагаются). Чтобы хоботок сложился, бражник плюёт в его основание, и капиллярные силы стягивают половинки вместе, а крючки на них сами застёгиваются, как молния. Живут бражники 1–2 месяца.

Табачный бражник — излюбленный лабораторный объект. Бражники символизируют тайну, преображение и стремление к свету. В Европе бражники считаются хорошей приметой. 6 июня 1944 года в День Д, в момент высадки Союзников в Нормандии, стая бражников языканов как раз перелетала через Ла-Манш.

Томатный бражник

РЫБНЫЕ САДЫ

На дне океана росла трава. Проплыла какая-то рыба, и трава моментально исчезла, втянулась: это садовые угри, которые выглядят как пёстрые водоросли, увидели хищника. Садовые угри ввинчиваются в песок хвостами и выделяют слизь, цементирующую стенки убежища, где они проводят всё время. Вода проносит мимо планктон. Садовые угри колеблются вместе с течениями, как случается с колебаниями общественных настроений. Это самая удобная стратегия для поимки окружающей еды. Стоит лишь слегка вытянуться — и до пятисот мелких рачков за день выходит. Садовые угри живут колониями, насчитывающими до тысячи особей. Во Флориде обитает несколько десятков разновидностей угрей: садовые, острохвостые и речной американский угорь. Острохвостые угри, похожие на морских змей, как и садовые, умеют зарываться в грунт. Острохвосты подкапываются под садовых угрей и охотятся на них в, казалось бы, неприступном обиталище, хватая снизу. Родственники же, как никто, знают слабое место.

Угри — древние рыбы. Слово, их обозначающее, произошло от одного из названий змеи и возникло ещё в праиндоевропейском языке. Угри способны ползать по земле и дышать кожей. Она покрыта слизью, которая содержит защитные вещества и антибиотики. Говорим «скользкий, как уж», подразумеваем угря. Кровь угрей ядовита. Токсин вызывает спазм мышц, включая сердечную, но разрушается при нагревании. Химзащита понятно для чего, но кроме неё в теле многих угрей присутствует голубой светящийся белок. В Японии обнаружили угря, который ярко сияет лазоревым. Плавают угри, равномерно извиваясь всем телом. Не очень быстро, до 15 километров в день, зато на единицу расстояния тратят гораздо меньше энергии, чем другие рыбы. Таким манером угри могут плавать как вперёд, так и задом наперёд. Поглощают угри всё: живое и дохлое. Зубы острые, но челюсти не очень сильные. Угри научились откручивать еду. Они вцепляются в добычу и вращаются со скоростью 6—14 оборотов в секунду. Российская фигуристка Наталья Канунникова поставила мировой рекорд, закрутившись со скоростью 5 оборотов в секунду (308 об/мин). Правильно мыслил Аркадий Райкин, предлагая приделать к ноге фигуристки динамо-машину. Угорь так куски побольше отрывает. Жизнь угрей, особенно речных, окутана тайной. Великий натуралист древности Аристотель полагал, что речные угри рождаются из земли, икру они не мечут. С садовыми угрями проще, они прямо на виду сидят. Ухажёр обустраивает новый дом рядом с пассией и охраняет её от других самцов. Если подселяется соперник, первый претендент кусает его в морду.

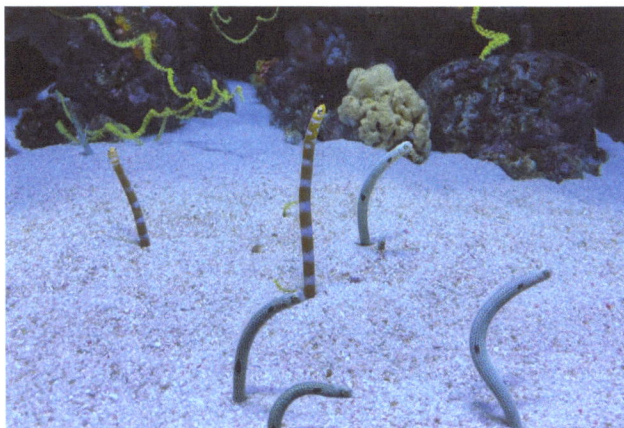

Но ни он, ни она даже ради любви своих норок никогда не покидают. Ухаживание начинается ещё засветло. Ночью возлюбленные сплетаются верхними частями тела, и оплодотворённые икринки сразу всплывают на поверхность. Молодые садовые угри оседают неподалёку от своих. С личной жизнью речных угрей дело обстоит значительно сложнее.

Рыбы, как на Церере в повести Людмилы Штерн «Космическая карусель», способны «быть и мужчинами, и женщинами, в зависимости от температуры, освещения, времени года, и просто по настроению». У угрей в юные годы никаких «Девчонки, мальчишки, Мальчишки, девчонки, / Мы учимся вместе, друзья», просто поживём — увидим. Решается всё только на стадии подготовки к последнему пути. На икру тратится больше ресурсов, и тем, кто стал самками, следует накопить больше сил. Они уходят вверх по течению рек и в озёра. Самцы остаются в устьях. Все мы меняемся с годами, но угри, достигнув за 10—20 лет зрелости, меняются кардинально. Пищеварительная система рассасывается, некогда на еду отвлекаться. Объём плавательного пузыря увеличивается, что позволяет плыть глубже в океане. Тело становится серебристым и менее заметным. В океане света мало, и его спектр не такой, как в реке. Глаза поэтому увеличиваются и начинают видеть другие цвета. Люди тоже зачастую с возрастом видят всё в ином свете. Под кожей угрей накоплены значительные запасы жира. Он израсходуется на икрометание и дальнее путешествие. Речные угри, как американские, так и европейские, направляются в Саргассово море. Из Европы это почти 6000 км (3700 миль). Угри плывут в течение многих месяцев и возвращаются именно туда, где они появились на свет. Дорогу они определяют по магнитному полю Земли, это самая надёжная и постоянная точка отсчёта, вследствие этого многие живые существа чувствуют магнитное поле. В Саргассовом море, дав начало новой жизни, угри погибают. Из икринок выходят личинки, похожие на абсолютно прозрачный ивовый листик с узкой головкой и острыми зубками. Течения несут их в ту сторону, откуда приплыли родители. Личинки превращаются в прозрачных стеклянных угрей, которые с годами окрашиваются и становятся молодыми угрями. Недаром говорят: «Моряк возвращается домой, как угорь в ил родной». Угри находят места, где жили их предки, по магнитному полю и по запаху. Обоняние у угрей феноменальное, они могут учуять три молекулы вещества.

Угри вызывали разные ассоциации. Древние египтяне их, конечно, ели, но также, очевидно, восхищались и бальзамировали, помещая в бронзовые саркофаги соответствующей формы. В полинезийских мифах мужчины без проблем превращались в угрей, вызывая фрейдистские ассоциации с историей Леды. Славяне считали, что угри и ужи — одно и то же, посему красивых преданий не сложили, а угрей есть избегали. В Ирландии и Шотландии жители утверждают, что когда-то в озёрах жили гигантские лошадиные угри. Если учесть, что в наше время некоторые виды угрей в длину достигают 4 метров, то вполне возможно, что лох-несское чудовище — попросту лошадиный угорь. К тому же угри ведь запросто вылезают на сушу. В последние годы численность речных угрей сократилась в 10 раз. Не исключено, что в местах обитания лох-несского чудовища немногие старые уползли и уплыли на икрометание, а молодые так и не вернулись.

МЫШКИНЫ СЛЁЗКИ

Мышь не зря назвали домовой. Она зачастила в жилища охотников-собирателей ещё 15 тысяч лет назад. Как говорится, «были бы крошки, а мышки будут». С появлением сельского хозяйства мышь решила прочно обосноваться рядом с человеком. Если надо, она протиснется в щель размером 6 миллиметров. За день мышь поглощает от 3 до 4 граммов еды. В. Хлебников заметил: «Юркнули серости мыши». В сказках мыши — некие маленькие существа, которые пробегают, хвостами размахивают и золото разбивают, хотя известно, что драгоценный металл походя не разбить. А зачем она вообще «хвостиком махнула»? Дело в том, что хвост важен для равновесия. К тому же, вставая на задние лапы, мышь опирается на хвост, и получается устойчивая тренога. В придачу хвост у мыши, как язык у собаки, орган охлаждения. В тёплом климате хвосты у мышей длиннее. И. Крылов утверждал: «Примета у мышей, что тот, чей хвост длиннее / Всегда умнее и расторопнее везде». На самом деле в жизни мышей всё гораздо интереснее и сложнее.

Мыши склонны соблюдать правила, например, большинство дожидается своей очереди, избегая драк. С каждой стороны мордочки у мышей по 30 толстых усиков — вибрисс. Они постоянно двигаются, вибрируют, причём каждый усик шевелится независимо от других. На это тратится много энергии, но взамен мышь получает ценную информацию об окружении. В носу у мыши два органа обоняния. Один из них специализируется на запахах секса, родства и положения в обществе. Многое высказывается языком запахов. Особенно важно, как пахнут моча и слёзы. Непонятно почему, но плакать долго и обильно, заполняя моря, как в горе, так и в радости, способны лишь люди. У животных лишняя влага не проливается. Слёзы нужны не только для увлажнения и очистки глаз. Они несут разнообразные сведения. Например, женские слёзы обезоруживают многих мужчин. Исследования показали, что они снижают уровень тестостерона и сексуального влечения. Мужчины тоже плачут. К слову, слезливостью отличался М. Горький. У самцов мышей слёзные железы производят белок, который делает самок более восприимчивыми к сексу, но к М. Горькому уже возвращаться не стоит. Слёзы мышат заставляют самку отвергнуть ухаживания претендента. Возможно, это

своеобразный контроль, дающий время на выращивание потомства. Мыши, кроме всего прочего, чувствуют запах слёз своих врагов — крыс — и спасаются бегством.

Личная жизнь мышей складывается по-разному. Доминантные самцы, мачо, сразу узнаваемые по запаху мочи, захватывают территорию, на которой проживает много самок. В итоге возникает гарем. Случается, пара мышей образует семью. В таких ситуациях она иногда просит супруга поучаствовать в воспитании детей. Возможны варианты с несколькими самцами и одной самкой, тогда её отпрыски получаются более разнообразными. Мыши не безмолвствуют, как народ у А. Пушкина в «Борисе Годунове», а активно разговаривают и поют. Встречаются, конечно, мыши молчуны, зато другие болтают без умолку, у всех характеры разные. Когда мыши ведут диалоги, у них работает та же часть мозга, что и у человека в аналогичной ситуации. Но в основном раздаются старые песни о главном. Какая же любовь без серенад? Для соблазнения объекта воздыхания самцы выводят побасистее, для переговоров с другими мужиками можно и повыше забрать. В присутствии кавалеров дамы делают голосок потоньше. Вообще самки любят, когда им поют, чем виртуознее и длиннее, тем лучше. Нам все эти рулады услышать не дано, даже кошки только часть слышат. Лишь когда мыши стрессированы, мы воспринимаем их писк. Мыши общаются в ультразвуковом диапазоне от 30 до 100 кГц. Если мышиные звуки проиграть на частотах, доступных человеческому уху, от 20 Гц до 20 кГц, получится нечто похожее на трели птиц. Самки понравившимся ухажёрам иногда подпевают. От любимого мышат рождается больше и они здоровее. По мелодиям отличают родственников, что предотвращает инцест.

Мыши делают гнёзда и роют норки. Форма нор определяется генами. Самки зачастую объединяются и совместно выращивают детёнышей. Согласно Фрейду опыт детства влияет на характер. Детсадовцы более активны, любопытны и настойчивы, не слишком застенчивы. Характер зависит также и от усердия родительницы. Одни мыши детёнышей всё время вылизывают, другие ленятся. У нерадивых матерей дети нервными становятся. Метко отмечено: «В голове тараканы бегают». Так и есть, только не тараканы, а гены в головах неухоженных начинают с места на место перепрыгивать с непредсказуемыми последствиями. Обласканный и облизанный ребёнок всегда качественнее. Мыши приносят 7–8 помётов в год по 4–16 мышат в каждом. Живут мыши 2–3 года, но в природе обычно и до года не дотягивают. По преданию, дед Ноя Мафусаил дожил до 969 лет. Благотворительный Фонд Мафусаила, дающий гранты на исследование долголетия, проводит конкурс на мышь долгожительницу. Пока победительница, которой создали идеальные условия, прожила 4 года и 3 месяца, что эквивалентно 180 годам у человека. Генетически модифицированная мышь протянула 5 лет и 1 месяц. До рекорда Мафусаила ещё далеко. Цель Фонда Мафусаила — сделать так, чтобы люди в 90 лет чувствовали себя как раньше в 50.

Несмотря на весь вред, чинимый мышами, кое в чем от них несомненная польза. Во-первых, изучение болезней и испытание лекарств начинается с лабораторных мышей. Во-вторых, вслед за мышами в жилище человека пришла кошка, а ведь «без кота и жизнь не та». В-третьих, именно мышка помогла вытащить застрявшую репку.

СЕМЕЙНЫЕ МОНАХИ

Всем моим попугаям

Во Флориде гнездится 18 видов попугаев, больших и маленьких. Раньше тут обитали красивые каролинские попугаи. Однако к началу 20 века они вымерли. Каролинские попугаи обладали опасной привычкой: когда что-то случалось с одним из них, слеталась вся стая, насчитывающая 200–300 птиц, и тут уж охотники удержу не знали. Недолго, около 50 лет, оставалась Флорида совсем без попугаев, а затем здесь обосновались те, кто улетел из клетки. На побережье Мексиканского залива водятся волнистые попугайчики, в Майами встречаются ара и амазоны, а от Флориды до Чикаго расселился попугай-монах, иначе калита. В целом уже в 23 штатах размножается 25 видов попугаев. Монахи появились и в Западной Европе. Распространение на север не должно удивлять: в Московском зоопарке волнистые попугайчики всю зиму проводили в вольере на открытом воздухе. Обычно попугаи селятся в дуплах, а попугай-монах строит огромные, весом до 100 килограммов гнёзда из прутиков. Возможно, это защищает от холода. В одном таком гнезде насчитали до 5000 птиц. У каждой пары своя комнатка с отдельным выходом. Почему птицу, всегда живущую с партнёром, назвали монахом, не совсем ясно, удовлетворительных объяснений не находится. Монахи эти семейные и выбирают суженого на всю жизнь.

Попугаев причисляют к «обаятельным» понаехавшим. Местное, особенно городское население не возражает против отлова ворон, а попугаев любит и в обиду старается не давать. Попугаи-монахи в основном не ладят с электриками, так как устраивают свои гигантские гнёзда на электрических столбах. В итоге только за пять месяцев во Флориде произошло 198 серьёзных замыканий. Изобретено простое и дешёвое устройство, не позволяющее попугаям строить гнёзда на проводах там, где они прикрепляются к столбу, тем не менее электрики не спешат его использовать. Разрушать гнёзда выгоднее. За пять лет электроэнергетические компании Флориды, что называется, освоили 4,7 миллиона долларов, убрав 3000 гнёзд. Вопрос: сколько за каждое гнездо взяли?

Попугай монах (калита) в гнезде

Голуболобый амазон

Вот говорят — попугайная окраска. Почему-то всё валят на попугаев, хотя национальные костюмы народов мира не менее яркие и разноцветные. Правда, выяснилось, что перья попугаев ещё и светятся. Мы птицам сильно уступаем в восприятии цвета. У человека в глазах три типа клеток, реагирующих на красный, синий и зелёный цвета. У попугаев — четыре, они видят и ультрафиолет, что важно, ведь некоторые вкусные ягоды, перья и открытые клювики птенцов именно этого тона. Но это ещё не всё. В чувствительных к цвету клетках у птиц присутствуют капельки жира с разным содержанием растворённого в них каротина. Получается как набор светофильтров для фотокамеры. В общем, каким видят мир и нас заодно попугаи, трудно себе представить, а хочется. Наверное, что-нибудь в стиле художника Алексея Явленского.

У попугаев короткие лапки, по земле они ходят вразвалку, зато голова большая. Попугаи самые умные среди птиц и гораздо сообразительнее обезьян. «Зачем, зачем, я не знаю, Зачем кричат попугаи, Зачем, зачем?..» Странный вопрос, наверное, потому, что им есть, что сказать. Вообще попугаи не кричат, они беседуют. Попугаи — стайные птицы, и между собой у них сложные иерархические отношения. Они внимательно наблюдают за стычками соплеменников и точно вычисляют своё положение в обществе исходя из сложных расчётов, кто кого победил, кто кому уступил, каковы на этом фоне собственные возможности и с кем ссориться не стоит. У попугаев существует определённый круг знакомых, близкие друзья. Только некоторые птицы, в их числе колибри, пересмешники и попугаи, способны учиться всю жизнь. Остальные выучивают в детстве всего одну песенку. Непонятно, почему хозяин, обучив свою птицу словам «попка-дурак», смеялся и считал попугая, а не себя глупцом. Попугаи всегда готовы запоминать. На воле, перелетев в соседний лес, они быстро осваивают диалекты местных попугаев. Тем более что самки предпочитают самцов, которые изъясняются на понятном языке. Наверное, в таком случае проще растолковать супругу, что от него хотят. Интересно, что у попугаев гены, ответственные за воспроизведение новых звуков, схожи с генами, связанными с речью у людей.

*Попугай
солнечная аратинга*

Раньше считалось, что попугаи совершенно не понимают, что произносят. Судя по всему, это не совсем так. Попугай Арчик сочинил про себя две песни, слова одни и те же: «Арчик, Арчик, ля, ля, ля!», зато мелодии разные. Московский орнитолог В. Ильичев написал замечательную книгу «Говорящие птицы», где собрал множество примеров того, что и в каких ситуациях говорили попугаи. Волнистый попугайчик, которому подсадили незнакомую самку, сказал: «Когда уберут эту заразу?» Попугаи не скрывают своё настроение. При радостном возбуждении они сужают зрачок и меняют цвет глаз, особым образом топорщат перья. Попугаи ара меняют цвет кожи на голове — «краснеют».

Дамы у попугаев предпочитают умных и находчивых поклонников, например, тех, кто соображает, как открыть коробочку, где зёрнышки лежат. Некоторые виды, осознавая, что умение жить в коллективе с детства очень важно, организуют для подрастающих птенцов своеобразные ясли. Взрослые обучают молодь добывать еду. Попугаи, когда надо, умеют кооперироваться друг с другом. Они используют подсобные предметы как простейшие орудия.

Ещё в древности попугаев держали богатые греки и римляне. После путешествия Колумба в Европе возрос спрос на попугаев из Южной Америки. Похоже, перевозкой попугаев занимались и пираты. Первый попугай в России появился в 1490 году у Софьи Палеолог, его ей привезли из Италии. В описи имущества Бориса Годунова упомянули и попугая: птица ценная, заморская. Увы, желание иметь попугаев, особенно редких, приводит к сокращению их численности в природе. Попугаев стараются также разводить в неволе. Если в каждом супермаркете продаётся корм для попугаев, это о чем-то свидетельствует. Людям нравятся попугаи за их раскраску, за разговор, за возможность общения. Недаром в опере Моцарта «Волшебная флейта» Папаген и Папагена, имена которых переводятся как «попугаи», — самые симпатичные персонажи. Эти птицы по праву заслужили свой праздник, 31 мая — Всемирный день попугаев.

ГАМБО ЛИМБО, КАЗУАРИНА И СОСНА

Название «гамбо лимбо» сводит вместе упругие согласные «м» и «б» и заставляет вспомнить звуки тамтама. На Гаити из этого дерева тамтамы и делают, в Америке из него вырезали карусельных лошадок. Английское слово пришло от африканских рабов и на языке банту означает «птичий клей». Смолу гамбо лимбо использовали для поимки птиц. По-русски, точнее по-латыни, гамбо лимбо мирно именуется бурсера. У бурсеры знаменитые родственники, принадлежащие к семейству Бурзеровых: ладанное дерево и коммифора мировая, не в смысле мировая, а источник мирры. Многие бурсеру видели, однако, по-видимому, попросту не замечали. Гамбо лимбо — одно из самых устойчивых к ураганам деревьев. Случается, сильные ветры сломают ветку, а она, упав, укореняется. После урагана Вилма местные власти стали сажать гамбо лимбо вдоль дорог. Зимой часть листьев гамбо лимбо опадает, весной появляются новые, полностью листву бурсера никогда не теряет. В шутку гамбо лимбо называют деревом туриста. Кора его отслаивается тонкими полупрозрачными малиново-коричневыми шкурками, как кожа туриста, обгоревшего на солнце. К слову, подобная кора и у ладанного дерева. Ягоды гамбо лимбо богаты жирами, и ими любят лакомиться перелётные птицы, зимующие во Флориде. Бурсера обладает лечебными свойствами. Настой коры исцеляет солнечные ожоги, снимает воспаление.

Всем всегда хочется чего-нибудь заморского, таким образом во Флориде в 1920-х годах появилась австралийская сосна, иначе казуарина. её ветви напоминают перья птицы казуара, родственника страусов эму. Издалека казуарину действительно можно принять за сосну, но это совершенно разные растения. Хвои у казуарин нет. То, что кажется хвоей, на самом деле ветки, покрытые мелкими чешуйками листьев. Австралийская сосна происходит из засушливых мест, и крошечные листья не теряют понапрасну влагу. Весной на казуарине появляются цветочки, мужские и женские. Задумывалось хорошо: австралийскую сосну посадят в Америке, она быстро вырастет, обеспечит защиту от ветра, произведёт дре-

Ствол бурсеры

весину, а зелёные веточки будет жадно поедать скот. Кроме того, на корнях казуарины живут азото-фиксирующие бактерии, значит, почва обогатится естественным азотным удобрением. Даже мульча из казуарины богата азотом. В жизни всё оказалось иначе. «Где сосна взросла, там она и красна» — утверждает пословица. Коровы от австралийской сосны решительно отказались. Казуарина растёт действительно быстро и к тому же

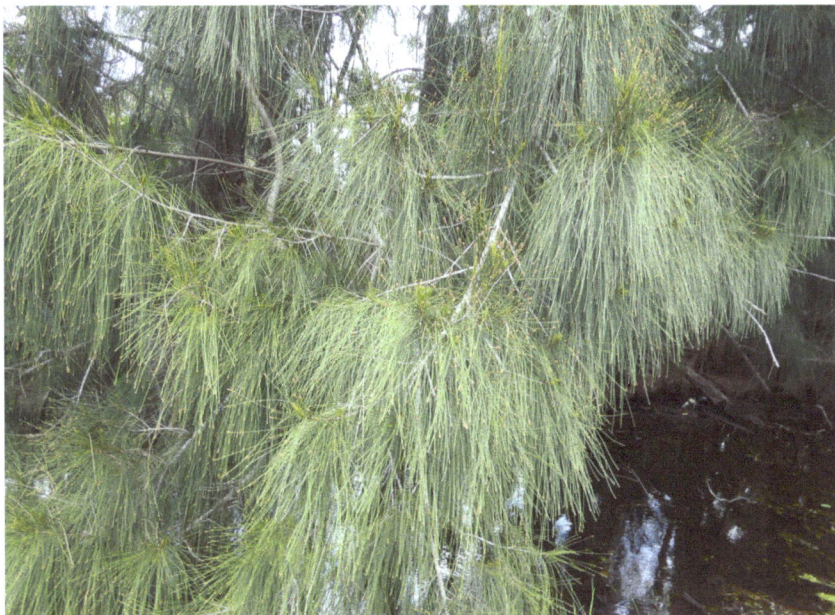

Цветущая казуарина

густо. её корни производят собственный гербицид, угнетающий все другие растения, места зарезервированы только для своих. Получаются дремучие заросли. Корневая система идёт по поверхности, не забывая залезать в водопроводные трубы. Во время ураганов австралийские сосны дружно падают, выворачивая верхний слой почвы и создавая непроходимый бурелом. Расчистка дороги после падения аллеи казуарин занимает массу времени.

А ведь во Флориде растёт несколько видов исконно американских сосен, привычных к местной погоде, включая ураганы и пожары. Сосны на удивление хорошо переносят низовые пожары, выжигающие траву и подлесок. Толстая кора сосен недаром состоит из нескольких слоёв: наружный обгорает и обеспечивает теплоизоляцию. Обуглившийся ствол не погибает и впоследствии наращивает новые пласты. У некоторых видов сосен шишки не открываются сразу, когда созреют, а ждут возгорания... до 8 лет ждут. Как говорится, «пока гром не грянет». Действительно, пожары часто возникают от удара молнии. Семена из шишек высыпаются при температуре 170 °C (336°F) и прорастают на расчищенном пожаром месте. В шишках семена сохраняют всхожесть до 15 лет. Кстати, не кедры, а кедровые сосны — источник вкусных кедровых орешков. Сосна болотистая и проростки свои защищает от огня. В первые годы ростки этой сосны неотличимы от пучка травы. Верхушка надёжно спрятана под землёй. Наземная часть сгорит — почка останется. Корни всё это время активно растут и накапливают питательные вещества. До 20 лет сосна пребывает в травянистом состоянии, чтобы потом рвануть вверх и оказаться над пламенем. Сосны относятся к долгожителям. Известны сосны, которые жили до 3 и аж до 5 тысяч лет.

Растения не способны убежать от своих врагов, они используют химические методы защиты. Смола останавливает желающих полакомиться и обладает антибактериальным

Сосны

и антигрибковым действиями. Она образуется в специальных ходах, пронизывающих всё растение, — смоляной системе. На синтез смолы затрачивается масса энергии. Похожие на ос насекомые — сосновые пилильщики — взяли смолу на вооружение. Их личинки объедают хвою, а смолу складывают отдельно. При опасности они выдавливают изо рта капельку смолы: пауков отпугивают. «Как с задумчивых сосен струится смола, / Так текут ваши слёзы в апреле» — писала М. Цветаева. Вытекающая из раны дерева смола действительно выглядит как слёзы сосны. На воздухе смола затвердевает и закрывает повреждение, образуя живицу — живительные слёзы. Популярны косметические кремы из живицы. Пихтовая мазь, изготавливаемая на Карпатах, содействует затягиванию ран и моментально снимает боль от ожогов. Из живицы делают жвачку с заманчивым названием «Байкальская сера». Когда-то давно сосновые слёзы окаменели и превратились в балтийский янтарь. Янтарь тоже считается целебным. Янтарные бусы носили при заболеваниях щитовидной железы. Цвет янтаря греет душу. С балтийских берегов его возили в Древний Египет ещё 3,5 тысячи лет назад. Янтарь островов Карибского моря совсем иной, это смола вымершего бобового растения, да и образовался он гораздо позже балтийского.

Изображениям богов Ассирии, Древнего Египта и Древней Греции часто сопутствовали сосновые шишки. Они украшали посохи Дионисия и Осириса как символы плодородия и возрождения. Огнеупорные флоридские сосны, семена которых прорастают на выжженной земле, подтверждают правоту древних.

122

ЧЕЛЮСТЕНОГИЕ И УСОНОГИЕ

Истоки творчества В. Хлебникова, несомненно, следует искать в биологии. Задолго до Председателя Земного Шара учёные занимались словотворчеством, чтобы приблизительно описать чудеса, которыми столь богата Природа. Усоногих зачастую принимают за моллюсков, они действительно выглядят как ракушки. Однако усоногие, к которым принадлежат морские уточки и морские жёлуди, родственники крабов и омаров. В отличие от морских желудей морские уточки сидят на стебельке. Усоногие, в свою очередь, представители класса челюстеногих. Их рот снабжён отростками, а фактически — ножками, у каждой из которых своё специальное назначение при запихивании добычи, почти как множество ножей и вилок, разложенных в определённом порядке на банкете. По-латыни усоногие называются *Cirripedia*, что переводится как «кудряшконогие» или «бахромоногие». Рачки лежат на спине в своей раковине, выставив наружу перистые лапки, которые фильтруют воду. Солёная вода по усам течёт, а в рот попадает еда, что совершенно не похоже на сказку. Разветвлённые ножки очень чувствительны и по совместительству служат жабрами. С закрытыми раковинами усоногие выживают на скалах, куда вода не каждый день доходит. Сердца нет, но кровь качает один из сосудов, по которым она течёт. Нервная система состоит из пары тысяч нервных клеток, включая мозг, в общем, на жизнь хватает.

Про кого с полным основанием можно сказать «мой дом — моя крепость», так это про усоногих. Раковины морских желудей напоминают средневековую крепость с задвигающимися, как ворота, двумя верхними крышечками. Стены построены из 4–8 пластин известняка внахлёст. Как и крепости, раковины бывают разного цвета: белые, малиновые, коричневые, зелёные и в полоску. Серьёзные укрепления совершенно необходимы, в разных условиях доводится жить: в полосе прибоя, на коже китов, на морских черепахах, на днище судов. Наросшие морские жёлуди весят изрядно. Они значительно замедляют ход корабля, и энергии расходуется больше. Подсчитано, что ущерб от морских желудей из-за перерасхода топлива в мире составляет 7,5 миллиарда долларов в год. Военно-морские

Морские жёлуди на раковине

*Морские уточки
в испанском ресторане*

силы США теряют на этом ежегодно 50 миллионов долларов — серьёзная проблема.

Усоногие любят общество себе подобных и стараются селиться вместе. Эти морские раки гермафродиты, у них присутствуют как мужские, так и женские половые органы. Одновременно они не функционируют, сперва одни чувства, потом другие, поэтому необходима подходящая пара. Как же усоногие, сидящие на месте, эту проблему решают? Оказалось, что вполне успешно, недаром они живут на Земле около полумиллиарда лет. Дело в том, что предмет мужской гордости у усоногих так называется по праву. Он в 6–8 раз превышает длину тела и скорее напоминает полупрозрачный хобот. Им удобно достать даже до дальних соседей, которые на какой-то период становятся соседками, после чего роли меняются. Чтобы на таком расстоянии разобрать, а вообще нравится ли она тебе, члены снабжены всяческими чувствительными клетками. Случается, одна и. о. (исполняющая обязанности) дамы привлекает одновременно несколько соискателей. Побеждают иногда сильнейший, иногда дружба. А размеры и форма детородных принадлежностей в буквальном смысле покорны воле волн. Сильный поток воды — женилка вырастет крепче, но короче, слабее напор стихии — тоньше, зато длиннее, дальше доберётся. В конце брачного сезона всё само рассасывается, а что вырастет в следующий раз, напрямую зависит от погодных условий.

Оплодотворённые яйца какое-то время развиваются в теле матери, и затем от 10 до 20 тысяч личинок выталкиваются в бескрайний океан. Личинки плавают, охотятся, линяют, нагуливают жир. На последней стадии они перестают питаться, у них вырастают два настоящих глаза и один простой глазок на макушке. Наступает ответственный момент — где осесть. Необходимо, найти своих. Некоторые морские жёлуди светятся красным, личинки это видят и направляются к ним. Для начала личинки прикрепляются одним усиком, головой вниз. Глаза за ненадобностью не то чтобы «разувают», но сбрасывают. Глазок раздваивается, причём, по-видимому, в глазах не двоится. Со спины глазки передвигаются вперёд к брюшку и останавливаются по бокам от лапок. Светочувствительные глазки остаются на всю жизнь и отличают лишь свет от тени. Совсем без зрения опасно, надо же знать, когда раковинку захлопывать. Личинка, превращаясь во взрослого, переворачивается на спину и начинает обстраивать себя стенами домика-раковины. Для прикрепления ко дну специальные железы усоногих производят необычайно прочный клей. А кругом ведь всё мокрое. Рачок поэтому выпускает сперва капельку жира, а на место, освобождённое от воды, наносит клей, чем-то напоминающий по составу белки шёлка. Отодрать практически невозможно, только если приложить силу больше 4 кг/кв.см. Усоногие раки живут 5–10 лет. Раковины остаются потом надолго. Как чувствуют себя киты и черепахи с налипшими на них морскими желудями, неясно. Считается, что им всё равно. Морские жёлуди, специализирующиеся на китах, не только приклеиваются, но и засасывают в раковину кожу наподобие медицинских банок. В результате у китов образуются мозоли и шрамы. Правда, говорят, что, когда самцы китов дерутся, они используют части тела, на которых сидят морские жёлуди, как кастеты. Усоногие раки интересуют не только зоологов. Их изучением занимаются дантисты в поисках чудо-клея, а также специалисты морского транспорта в надежде найти средства этот клей разрушить.

КОРНЕГОЛОВАЯ САККУЛИНА

Взаимоотношения — штука сложная, особенно если виды разные. Морские усоногие раки здесь не исключение. Усоногими их назвали за лапки, напоминающие кудрявые, очень разветвлённые усики. Раки конопея, которые по-научному именуются «морские

Конопеи на морском веере (горгоновом коралле)

жёлуди горгонарий», совсем не вши на голове Горгоны Медузы, как можно подумать. Горгонарии — это восьмилучевые кораллы, а конопеи на них сидят. Кораллы стараются всячески привлечь личинок конопеи, выпускают в воду соблазнительные запахи. Личинки подплывают, зацепляются усиком и садятся головой на коралл. Они принимаются строить домик-раковину из известняка. Коралл, в свою очередь, заключает конопею в тесные объятия, обрастает собой со всех сторон. Наружу у рачка торчат только усики, то бишь лапки, которые фильтруют воду и собирают еду. Почему коралл и конопея решили объединиться? Конопея защищена, это понятно. Коралл, по-видимому, интересуют отходы конопеи, дополнительные азотные удобрения для своих кормильцев — водорослей. Дело в том, что в теле кораллов обитают особые водоросли, которые на свету производят сахара, без них коралл не выживет. Однако водоросли, как и все растения, полагается удобрять, и, возможно, конопея вносит посильный вклад, всё утилизируется.

Не всегда совместное существование складывается счастливо для обеих сторон. Усоногий рак саккулина паразитирует на крабах. Внешний вид саккулины заставляет вспомнить известного монстра «человека-дерево», который неоднократно появляется на гравюрах

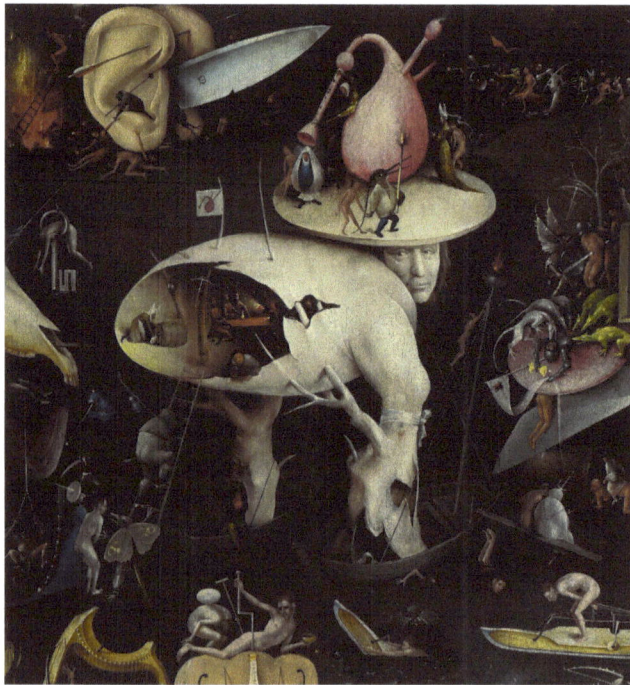

Иероним Босх.
«Человек-дерево» — фрагмент
правой створки «Ад».
«Сад земных наслаждений».
1505-1510 гг. Музей Прадо, Мадрид

и на картине «Сад земных наслаждений» Босха. Личинка саккулины похожа на усоногих личинок её возраста: лапки, глазок, капельки жира про запас — всё как у других.

Только вместо того, чтобы строить свою раковинку, она садится на краба и превращается в некое подобие шприца с иголкой-хоботком. Личинка прокалывает панцирь краба там, где он потоньше, и клетки саккулины влезают внутрь. Лапки, глазок уже ни к чему, они отбрасываются. Клетки, проникшие внутрь краба, пускают отростки, которые, как корни, разрастаются по всему организму хозяина. Сперва клетки саккулины оседают вокруг пищеварительной системы, чтобы скорее поесть. Корни захватывают все стратегически важные объекты хозяина: банки, телефон, телеграф… простите, мозг, половые органы и железы внутренней секреции. Саккулина начинает управлять крабом. Паразит стерилизует как

¹ Tree Man by Hieronymus Bosch — this file has been extracted from: The Garden of Earthly Delights by Bosch, Public Domain

самцов, так и самок, чтобы те вели себя в его интересах и не отвлекались на посторонние вещи. Примечательно, что мышцы особенно не затрагиваются корнями саккулины, надо же передвигаться — транспорт тоже важен. В результате самцы феминизируются: у них расширяется нижняя сторона тела и укорачиваются половые ножки. Гормональные перестройки резко меняют поведение крабов. Через несколько недель после оккупации саккулина выставляет наружу на брюшко краба девственный мешок с яйцами. Саккулина по-латыни и означает «мешочница». Теперь нужен мужской пол. А кругом в поисках оказии плавают личинки самцов, со всеми их усиками, глазками, лапками. Одна или две личинки садятся на яйцевой мешок, формируют свой хоботок и точно так же, как она когда-то поступила с крабом, впрыскивают себя в самку. В яйцевом мешке самцы преобразуются, и от них не остаётся ничего, кроме оплодотворяющего органа. Получается, что вся саккулина состоит из наружного округлого, как голова, яйцевого мешка размером 1−2 сантиметра и внутренних корней. Саккулину поэтому причислили к надотряду корнеголовых: не одна она такая, а целая группа. Нервные клетки паразита находятся внутри, в корнях.

О потомстве саккулина не заботится. Зачем? Для этого существует краб, который чистит и вентилирует яйцевой мешок. Без такого ухода икра загниёт и погибнет. Самцы крабов справляются с этим не хуже самок, саккулина надоумила. Когда приходит пора личинкам выходить, заражённый краб выбирает место, где ток воды посильнее, и, раскачиваясь, выдавливает из яйцевого мешка потомство саккулины. Зомбированные самцы делают это очень ловко. Как только деток отправили в свободное плавание, саккулина активирует у краба гормон линьки. До этого крабу обновлять панцирь запрещалось, отныне он будет линять только по приказу саккулины. С панцирем сбрасывается и отслуживший своё яйцевой мешок вместе с тем, что оставалось от самцов. Вскоре наружу вылезет очередной девственный мешок, и на него, конечно же, найдутся новые самцы, которые в нем обоснуются. Продолжительность жизни саккулины полностью зависит от краба — один-два года. Со своей стороны крабы, заражённые саккулиной, особенно часто по дну не шастают, они более осторожные, прячутся под камнями: рисковать нельзя, паразит не велит. Если саккулину каким-то образом удаётся из хозяина вытащить, самки краба яичники кое-как восстанавливают. Самцы уже не могут вернуть то, что было.

Аналогичные события описал Кир Булычев в повести «Уважаемый микроб»: «Господа микроорганизмы по просьбе жителей планеты Кэ поселились здесь, и тогда жители планеты Кэ обратились с просьбой к уважаемым микроорганизмам, чтобы для большего единения между населением планеты и уважаемыми микроорганизмами последние внедрились внутрь жителей планеты Кэ. С тех пор в каждом жителе планеты Кэ обитает уважаемый микроорганизм и подсказывает ничтожному жителю планеты Кэ ценные мысли... Мы приказываем, а люди слушаются. И никакого равноправия... Мы никогда не убиваем пленных. Зачем? Каждый новый человек — домик для одного из нас. Ведь мы быстро размножаемся. У нас уже очередь на новые тела. Вот теперь и в вас вселимся». Фантастика? Как знать... Недаром же говорят: «Сказка ложь, да в ней намёк, добрым молодцам урок».

РАЗНООБРАЗНЫЕ БЫЧКИ

Во Флориде более трети рыб кораллового рифа — бычки, их здесь насчитывается около 60 видов. Они обитают как в пресной, так и в солёной воде, ползают даже по корням мангров и по обрывам. На воздухе бычки дышат кожей или ртом. У бычков, как правило, большая голова и круглый лоб, отсюда и название. У башковитых бычков и память неплохая. Бычок батинобиус живёт вблизи берега. Во время прилива рыба запоминает расположение углублений на дне, а во время отлива метко прыгает из одной лужицы в другую. Лишённый возможности заранее изучить местность, бычок либо вообще не прыгает, либо попадает не туда. Бычки очень разные. Самая маленькая рыбка на свете — бычок, менее 1 сантиметра в длину. Крупные бычки достигают 50 сантиметров. Брюшные плавники у многих бычков срослись и образовали присоску, её удобно использовать, сидя, например, на камне. Бычки — донные рыбы, но встречаются и настоящие скалолазы. Они обзавелись второй присоской — ртом. С двумя присосками, помогая себе грудными плавниками, бычки ловко забираются на скалы под водопадами и соскребают растущие там водоросли.

Неоновые бычки вступают во взаимовыгодные отношения с весьма опасными морскими обитателями. Небольшие, до 5 сантиметров, бычки с яркой, будто светящейся, голубой полосой приспособились объедать паразитов с кожи других рыб. На такие своеобразные станции очистки и хищники приплывают. Разве неоновым бычкам не страшно? Оказалось, что каждый раз, когда для обслуживания подплывает здоровенная рыбина, бычки боятся. Тем не менее, в отличие от других, они не удирают, а, наоборот, срочно бросаются освобождать от паразитов огромного клиента, упреждая вероятное нападение. Самых жутких обычно чистят дольше. Неоновые бычки работают супружескими парами, и каждый старается. Порой, конечно, встречается недобросовестный обслуживающий персонал: вместо паразита чешуйку прихватит у посетителя. Но на таких станциях сразу снижается посещаемость, что неизбежно заставляет задуматься.

Желтоголовый карибский бычок

Некоторые бычки селятся в одной норке с раками-щелкунами. Эти раки убивают добычу одним щелчком клешни, создающей колоссальный сгусток энергии на малом, 1–2 сантиметра, расстоянии. Возникает пузырь, несущийся со скоростью 62 мили (100 км)/час, температура взлетает до 4700 °C (8000 °F). Той же мощной клешнёй рак-щелкун нежно гладит своего бычка и без устали чистит общую норку, выгребая песок. В песке попадаются черви, которых бычок ест. А у бычка какие обязанности? Он бдит. Рак-щелкун подслеповат, у бычка же зрение отличное, как, впрочем, и слух, и обоняние. При малейшей угрозе бычок подаёт условный сигнал, толкает рака-щелкуна хвостом, и оба скрываются в норке.

Какого пола бычки? Как выпадет. Встретится самец на пути — бычок представится самкой, нет в округе мужского пола — станет самцом. Интересно, что всегда перед сменой пола у рыб возникает замысел, который накладывает отпечаток на гены, потом происходит перестройка внутренних органов. Бычки не немые. Для соблазнения самки в ход идут и песни. Сильные, упитанные претенденты поют громче, дольше и, наверное, лучше. На пение много сил уходит. К сожалению, моторные лодки звук заглушают. Хорошего певца от плохого отличить уже трудно. Самки начинают встречаться с кем попало, и качество икры в итоге заметно ухудшается. Кроме того, икра может просто от шума погибнуть. Кавалер готовит и чистит норку, пока дама нагуливает тело: икра требует усиленного питания. Изредка физически более слабые самцы, облачившись в женские одежды, под видом прекрасного пола, а попросту — окрасившись как самка, быстро оплодотворяют часть икринок. Нахалы сразу улепётывают, пока не настигла жестокая кара. Их по-научному называют воришками. Когда икринки отложены, отец все заботы берёт на себя. Он икринки чистит и обмахивает плавниками для аэрации. Заниматься икрой без отлучки, сидя в норке в течение целой недели, скучно и голодно. Часть икринок незаметно перекочёвывает в живот папаши. Самки об этом, очевидно, догадываются и далеко не уплывают. Если самец замечает, что она наблюдает, он принимается усерднее исполнять свои обязанности. И совсем не потому, что без надзора ленится, а просто чтобы ей понравиться. У многих видов животных чадолюбивые самцы кажутся самкам более сексуальными. Недаром

Неоновый бычок

глагол «ухаживать» имеет несколько значений. Из икринок выходят мальки, они уплывают, родительский долг выполнен.

Одни виды бычков образуют пары на всю жизнь, другие живут небольшими стайками. В группе размножается только одна главная пара. Остальные, на 5–10 % покороче, ждут своего часа и намеренно не растут. Они едят меньше, отказываются от лишнего куска, лишь бы только ненароком не вырасти вровень с сильными их местного мира. Нарушителя иерархии ждёт изгнание и верная гибель в одиночку. Феномен маленького человека возник за несколько сот миллионов лет до Акакия Акакиевича Н. Гоголя. Кланяются, чтобы показаться пониже, и горбятся в присутствии невысокого начальника. Недаром англичане пустили слух, что Наполеон малорослый, — они хотели его принизить. Рост Наполеона, оказывается, для того времени был средним, 168 сантиметров. В начале 19 века средний рост французских мужчин составлял 167 сантиметров (5’5,7»), а английских, кто бы говорил, — 166 сантиметров (5’5,4»). Между прочим, в Александре I было 178 сантиметров (5’10»). Так и дожила сплетня до наших дней, когда человечество заметно подросло. Тот, кто рослее и сильнее, кажется важнее. А. Кронгауз в 1944 году написал известные стихи, положенные на музыку: «Лилипут себе приснился великаном / …Лилипута все считают / Самым сильным, / Самым добрым / И, конечно, справедливым». Эти слова фактически воспроизвели в наше время в опытах с аватаром на компьютере. Люди наделяют положительными качествами себя и остальных в зависимости от роста. Выше — значит сразу и уважения больше. Как справедливость связана с размером? От общего с рыбами предка, по-видимому, что-то сохранилось.

МОРСКОЙ ВОРОН

«У берега — чёрный баклан,
На зыби маячит высокая шейка баклана» —

писал И. Бунин. Действительно, на поверхности тело баклана почти не видно, оно в основном погружено в воду. Перья, пропитанные водой, делают птицу тяжелее, но, с другой стороны, когда баклан ныряет, это уменьшает трение. Способность намокать зависит от структуры пера. У баклана два слоя перьев разного строения. Воду набирает только наружный слой. Под ним у баклана водоотталкивающие непромокаемые сухие перья. Они задерживают воздух и хранят тепло, ведь бакланы обитают и в местах, где вода бывает просто ледяная. Мокрые перья приходится потом сушить, раскрыв крылья. Издалека баклан кажется чёрным. Однако, если рассмотреть его вблизи, окажется, что перья с медным отливом

оторочены чёрным и выглядят как чешуя. Красоту оперения бакланов как-то не замечают. До 16 века их вообще за воронов принимали, тем более у бакланов голос — нечто среднее между карканьем, лаем и кашлем. В большинстве европейских языков баклана поэтому именуют кормораном, что означает «морской ворон». Происхождение слова «баклан» туманно. Похоже, оно заимствовано из тюркских языков и означает, по разным толкованиям, не то дикий гусь, не то пеликан. Бакланы действительно дальние родственники пеликанов, и кожа на шее под клювом, когда требуется, почти так же сильно растягивается.

Бакланы хорошо летают, достигая скорости 34 мили (55 км)/час и пролетая за день до 373 миль (600 км). Ныряя, бакланы плотно прижимают крылья к телу, а большие лапы с перепонками синхронно работают как одна лопасть: развивается скорость до 6 миль (9,6 км)/час. Бакланы могут находиться под водой до 7 минут, а погружаются на глубину более 40 метров. Когда бакланов много, а рыба идёт косяком, они объединяются для охоты, слаженно загоняя добычу. При случае бакланы действуют совместно с другими видами морских птиц, с которыми они легко договариваются. Подсмотрели, как баклан ловко объедал рыб-прилипал прямо с китовой акулы. На конце клюва у баклана крючок, позволяющий удерживать скользкую жертву. Зрение у баклана хорошее везде: и на воздухе, и в воде. Мягкий хрусталик легко меняет форму и позволяет отлично видеть. Бакланы успешно охотятся даже в темноте, так как очень хорошо слышат под водой. Рыбы всё время то поют, то переговариваются, и, возможно, бакланы их находят по звуку. В воде бакланы воспринимают частоты от 1 до 4 кГц, что удивительным образом совпадает с частотой сигналов сельди, излюбленной пищи морских воронов. Острый слух помогает избегать хищников — зубатых китов и тюленей, которые тоже не молчат.

Бакланы всегда селятся вблизи воды — рек, озёр, морей, да и от суши далеко не удаляются. Во Флориде обитает два вида бакланов: большой баклан и ушастый баклан. С большим

Синие глаза баклана

понятно, а уши откуда растут? У птиц вроде уши не видны. Дело в том, что ушастый баклан в брачный период отращивает длинные перья наподобие кисточек по бокам головы. У флоридских бакланов кисточки чёрные. Чего ни сделаешь, чтобы прихорошиться. На время любви внутренняя поверхность жёлтого клюва окрашивается лазоревым. Глаза меняют цвет на васильковый. Эффектно получается. А как наверняка добиться успеха у прекрасного пола? Самцы бакланов, кстати, отличаются от самок только немного большими размерами. Претендент в целях обольщения ловко использует стройматериалы. Всё необходимое для будущего семейного уюта, оказывается, обладает огромной силой убеждения. Вдобавок он иногда исполняет нечто вроде танца с ветками на воде. Если ухажёр и его дары понравились, дама в восторге откидывает назад голову, открывая клюв, отороченный изнутри прелестным небесно-голубым. Бакланы выбирают одного-единственного, но измены тем не менее случаются. Самки строят объёмистое, от 0,5 до 1 метра в диаметре, гнездо на земле или на дереве из того, что удалось раздобыть супругу, вплетая даже подобранный пластик. Гнездятся бакланы колониями до нескольких тысяч пар. Он и она поочерёдно в течение месяца насиживают от двух до семи яиц, из которых вылупляются чёрные голые птенцы. Позже они покрываются сероватым водонепроницаемым

В порыве страсти

пухом. Приходится для прокорма потомства каждый день ловить от 1 до 2 килограммв (2–4 фунтов) рыбы. Кончился сезон размножения, кисточки сбрасываются за ненадобностью, а глаза меняют цвет. «Были синие глаза, а теперь поблекли» — сокрушался С. Есенин. Бакланов в отличие от поэта это не огорчает, следующей весной глаза снова станут пронзительно синими. Живут морские вороны до 25 лет.

Люди по-разному с бакланами взаимодействуют. Где рыбы мало, считают, что, если в речке нет рыбы, значит, выели бакланы, и в итоге заставляют местные власти принимать защитные меры. Если рыбы в изобилии, к бакланам отношение уважительное. В Скандинавии морские вороны поселились аж в гербах некоторых прибрежных городов. По бакланам в средневековой Японии гадали, где плотину строить. Давным-давно, включая Древний Египет и империю инков, бакланов приспособили для рыбалки, они хватают рыбу весом до 1,5 килограммов (3 фунтов). В наше время этот промысел сохранился только в Юго-Восточной Азии. На шею баклана надевают ошейник, который не дает птице проглотить крупный улов. Мелочь пусть ест, не жалко. В Японии с бакланами на поводке охотятся ночью, приманивая рыбу факелами. Так как бакланы и летают, и ныряют, и по суше ходят, старые поверья связывали их сразу со всеми стихиями: небом, землёй, водой и уж заодно с подземным миром.

ЖЕЛЕЗНЫЕ ЗУБЫ

По озеру, лавируя между утками, плыло похожее на бобра животное с длинным, как у мыши, хвостом. Это же нутрия. По-латыни нутрия *Myocastor*, что означает «мыше-бобр». Нутрия родом из Южной Америки, и в русский язык пришло её испанское название «нутрия», что переводится как «выдра». Слова «выдра» и «нутрия» возникли от праиндоевропейского «водр», что означает «вода». Нутрия действительно большую часть жизни проводит в воде. У нутрии не только глаза, но и ушки на макушке. Слух у неё очень острый. На мордочке чувствительные усики вибриссы, которые ощущают малейшие колебания и прикосновения. Задние лапы снабжены перепонками, а передние с тонкими когтистыми пальцами ловко управляются с едой. Зубы ярко-оранжевые, и кажется, будто во рту морковка. Нутрия грызёт с закрытым ртом: резцы остаются снаружи, рот закрывается клапанами, и вода туда не попадает. На ноздрях тоже клапаны.

Нутрия иногда остаётся под водой до 10 минут. А как она умудряется не задохнуться? Оказывается, нутрия замедляет частоту биений сердца и, таким образом, экономит кислород. Шерсть состоит из двух слоёв: толстого водонепроницаемого подшёрстка и наружных более грубых волос. Людям мех понравился, и с 19 века они стали разводить нутрию на фермах. Разорившиеся фермеры выпускали зверьков на волю, и они расселились по Северной Америке и Европе. В Луизиане нутрии сильно расплодились и стали наносить ущерб прибрежной растительности. Нутрии вегетарианцы, они едят корни, стебли, ветки и кору, потребляя за день до четверти своего веса. Дошло до курьёза. Пошли слухи, что во всём виноват

Нутрия

создатель соуса «Табаско» Макайленн, он, дескать, завёз нутрий в Луизиану. Его потомки, желая оправдаться, наняли историка, который установил, что нельзя винить одного Макайленна: выпускали и до, и после него. В Европе, как и в Луизиане, случается, с нутриями тоже проблемы возникают. В Страсбурге ввели штраф: 450 евро за их кормление. В СССР нутрию акклиматизировали в 1930-х годах в Закавказье и Средней Азии.

Из травы и веток нутрии устраивают на воде плоские гнёзда-платформы, которые достигают метра в толщину. Кроме того, в берегах нутрия роет норы до 15 метров длиной, причём обязательно один выход в воду, а другой на сушу. Ходы разветвлённые. Гнёзда, выложенные травой, устраиваются в боковых тоннелях. Нутрии живут семейными группами, до 12 особей. В основном это самки с приплодом и один самец. Два раза в год самки приносят от четырёх до шести покрытых мехом детёнышей с открытыми глазами. Зародышей на треть больше, но они рассасываются в матке. Соски у самки расположены прямо на боках, так что детки сосут и на плаву, окружив мать как маленькие надувные лодки. Продолжительность жизни нутрий до 10 лет. Молодые самцы живут отдельно, и их главным занятием становится патрулирование и охрана своего участка. Нутрии вместе питаются, чистят друг друга, совместно растят потомство и предупреждают об опасности. Для координации действий необходимы средства общения. У нутрий необычайно развит язык запахов. В носу у них два отдельных специализированных органа обоняния. С помощью одного из них определяется возраст, состояние и родство. Похожие способности, по-видимому, проявлялись и у Бабы-яги. Широко известно её высказывание: «Фу, фу, русским духом пахнет». Значит, по запаху она явно отличала русского от, скажем, американца. Жизнь в коллективе вынуждает говорить. Нутрии обращаются друг к другу похрюкивая, посвистывая или просто мычат.

Трава и кора жёсткие. Основную работу по переработке для травоядных животных делают пробиотики в желудке и кишечнике. Животные помогают микроорганизмам и дважды пропускают пищу через рот. Коровы, например, отрыгивают содержимое желудка и часами это пережёвывают. У нутрии и многих других грызунов вместо жвачки двойное пищеварение. Они производят два типа помёта — твёрдый на выброс, и мягкий, предназначенный для повторного использования. В мягком помёте много нужных организму веществ, он богат витаминами В и К, а бактерии ещё не закончили свою работу. Нутрия его съедает, и в результате вторичной обработки всё питательное усваивается, теперь и выбросить не жалко. Тут уместно заметить, что один из самых дорогих сортов кофе *Black Ivory* получают из зёрен кофейных ягод, скормленных слонам. Непереваренные зерна собирают, понятно откуда. Говорят, вкус необыкновенно нежный. Но вернёмся к нутриям.

Твёрдую пищу для начала надо отгрызть. Передние резцы нутрии в результате стачиваются и, соответственно, растут всю жизнь. Они покрыты невероятно прочной эмалью. Зубная эмаль — вообще самая твёрдая ткань у животных. У нутрии зубы оранжевые от высокого содержания железа. В зубной эмали обладателей оранжевых зубов под электронным микроскопом видно переплетение тончайших ворсинок — проволочек железа, делающих эмаль ещё более твёрдой. Необходимо отметить, что вышеупомянутая Баба-яга, по сообщениям, обладала железными зубами, а коронки в те времена ещё не изобрели. Откуда у неё взялись железные зубы? Человечество в действительности давно покрывало зубы смесью соединений железа и растительных экстрактов, отчего зубы чернели и улыбка из белоснежной превращалась в черноугольную. В России подобная практика дожила до 17 века. Японские гейши продолжали чернить зубы до XX века, а в некоторых районах Юго-Восточной Азии этот странный, на первый взгляд, обычай сохранился до наших дней. Железо, как выяснилось, предохраняет зубы от воздействия кислот и от кариеса гораздо эффективнее, чем современная обработка прозрачным фтором. У Бабы-яги на всех известных изображениях зубы чёрные. Так что по сути дела у неё и у нутрии крепкие и здоровые железные зубы.

ФЛОРИДСКИЕ КУРГАНЫ

Флорида и курганы? Какая может быть связь? Между тем, во Флориде курганов очень много, но о них мало кто слышал.

Первые люди появились во Флориде около 12 тысяч лет назад. По-видимому, насыпи возникли где-то 6—8 тысяч лет назад. Курганы (*mounds*) в Северной Америке по-русски тоже стали называть маундами. Маунды возводили в разных целях: погребальный холм, насыпь, на которой строили поселение или отправляли обряды. Некоторые насыпи имели деревянные ступени. Маунды в Америке разной формы: круглые, овальные, в форме подковы и даже змеи. Курганы насыпали из грунта, из раковин как морских, так и пресноводных моллюсков, чередовали слои раковин и песка. Использовали песок разного цвета, и всё сооружение становилось более ярким. В высоту курганы достигали 20 метров.

На маунды до последнего времени смотрели как на гору отбросов: куча устричных раковин. Поэтому в научной литературе их называли *middens* — кухонные кучи. В одном из парков Флориды даже картинка на стенде: индеец выбрасывает из ёмкости, подозрительно напоминающей помойное ведро, раковины на свалку. Тапочек только не хватает. И к древним курганам относились соответственно, их сравнивали с землёй, строили на них дома, прокладывали по ним дороги. Этот процесс, к сожалению, продолжается, однако некоторые маунды всё-таки исследовали.

Маунды во Флориде построены жившими здесь задолго до появления испанцев племенами индейцев: калуса, теквеста, маями и другими. Семинолы курганы не делали, они пришли во Флориду в 17 веке, когда прежние жители, сперва успешно воевавшие и уничтожавшие друг друга, пали от болезней, занесённых европейцами (оспа, грипп и другие). Индейцы калуса воздвигли в Мексиканском заливе южнее современного Форта Майерс целый искусственный остров, который так и называется *Mound Key*. На нем, по словам испанцев, располагалась столица племени калуса. Остров Маунд сохранился до наших дней. Анализы показали, что его начали строить более полутора тысяч лет назад. Самый старый погребальный холм Северной Америки, курган Хорра, сохранился на острове Марко. Его построили задолго до египетских пирамид, примерно 7 тысяч лет назад, а захоронение на его вершине

Остров Курган (Маунд Ки) в Мексиканском заливе

Раскопки маунда. Видны слои раковин

датируется 3400 годом до нашей эры. Курган Хорра состоит из чередующихся слоёв песка и раковин, причём некоторые слои песка подкрашены углём.

Индейцы племени калуса формально принадлежали к охотникам-собирателям и не занимались сельским хозяйством. Однако еды в прибрежных водах и на Эверглейдз было так много, что они создали общество, характерное для оседлых земледельческих цивилизаций: с городами, вождём, военачальником и жрецами. Калуса успешно отразили все атаки испанцев. Понсе де Леон, европейский первооткрыватель Флориды, погиб от отравленной стрелы индейцев калуса.

В 1763 году Флорида по Парижскому мирному договору перешла от Испании к Англии в обмен на Гавану. Калуса к тому времени вымерли от незнакомых европейских инфекций. На острове Марко в XIX веке поселилась семья Коллиер. Не путать с Бэрроном Коллиером, застройщиком недвижимости, в честь которого и назвали округ. Вильям Коллиер построил гостиницу, сохранившуюся до наших дней, и увлёкся садоводством. Почвы кругом бедные,

На вершине острова Кургана (Mound Key)

и он стал брать ил из соседнего пруда. В иле обнаружилось много интересного. Вильям Коллиер в 1896 году немедленно вызвал археологическую экспедицию из Смитсоновского института. Из пруда извлекли около тысячи деревянных предметов, которые вошли в коллекцию Смитсоновского музея. Пруд потом закопали и что-то на нем построили.

Среди других изделий оказалась удивительной красоты статуэтка из кипарисового дерева размером около 15 сантиметров. Она заставляет вспомнить египетские изображения богини Бастет с головой кошки или львицы. Найденную скульптуру назвали *Marco Island Cat*, и под этим именем она вошла в историю искусства. Фигурка датируется первым тысячелетием. Решили, что это, конечно же, кот. Глядя на изображение, становится ясно, что это не кот, а богиня-пума, причём пума флоридского подвида с более покатым лбом, глаза широко раскрыты. Божество сидит на коленях, нижняя часть тела как спереди, так и сзади типично женская. От согнутых вперёд под прямым углом плеч лапы изящной и логичной линией идут вниз, как у сидящей пумы, а у локтей превращаются в человеческие руки и плавно ложатся на колени, закрывая грудь. Статуэтка обладает какой-то магией, она завораживает. Ни одна из фотографий этого не передаёт. Богиня считается самым известным произведением искусства индейцев Северной Америки.

www.ingramcontent.com/pod-product-compliance
Lightning Source LLC
Chambersburg PA
CBHW061152030426
42336CB00002B/18